Sigrun Hannemann

Klimastarke Gemüse

Haupt
NATUR

Sigrun Hannemann

Klimastarke Gemüse

Reiche Ernte mit robusten Sorten

Haupt Verlag

Inhalt

Einführung

Gemüsegärtnern im Klimawandel

Während sich ein Hitzesommer an den anderen reiht, wird es immer komplizierter, Gemüse im eigenen Garten oder auf dem Balkon anzubauen. Kein Wunder, dass viele den Nutzgarten deshalb aufgeben und oftmals gar kein Gemüse mehr in den Garten pflanzen oder sich sogar auf einen reinen Ziergarten beschränken. Gemüse ohne tägliches Gießen funktioniert doch nicht. Oder gibt es vielleicht doch Möglichkeiten, sich ohne großen Aufwand nachhaltig und gesund mit eigenem Gemüse und Kräutern zu versorgen? Es geht doch nichts über eine frisch aus der Erde gezogene Karotte oder ein knackiges Radieschen.

Noch nie war es so einfach, sich mit samenfestem Saatgut verschiedenster Gemüsesorten über Pflanzentauschbörsen oder im Internet zu versorgen und Gemüse anzubauen, das es in keinem Supermarkt zu kaufen gibt. Ohne Einsatz von Kunstdünger und Pflanzenschutzmitteln kultiviert.

Wenn bloß nicht das viele Gießen wäre. Die letzten Jahre haben gezeigt, dass es sehr aufwendig und erfolglos sein kann, so zu gärtnern, wie es unsere Großeltern uns gezeigt haben. Während früher viel häufiger ein sommerlicher Landregen die tägliche Gießarbeit abnahm, zeigt jetzt der Regenmesser oft wochenlang keinen Niederschlag. Ohne tägliches Kannenschleppen oder regelmäßige Bewässerung mit dem Gartenschlauch bleibt das Gemüse winzig, Kohlrabis ähneln einem Stück Holz und Salate schießen in die Höhe, bevor sie geerntet werden können.

Sommer im Permakulturgarten

Stangenbohnen als Schattenspender

Dass man bei Stauden und Blumen trockenheitstolerante Sorten auswählen kann, ist inzwischen kein Geheimnis mehr. Aber es bleibt unbestritten, dass der Gemüseanbau nur funktioniert, wenn ausreichend Wasser zur Verfügung steht. Wie viel wir von dem kostbaren Nass wirklich benötigen, hängt von vielen Faktoren ab und kann auch in Zeiten des Klimawandels beeinflusst werden. Die milderen Temperaturen im Frühjahr und Herbst können wir nutzen, um in diesen witterungsmäßig unproblematischeren Zeiten Gemüse anzubauen und Ernteperioden zu verlängern. Mehrjährige und winterharte Gemüse und Kräuter bereichern die Vielfalt im Garten und in der Küche. Ein Brachliegen tief umgegrabener Beete sollte nicht mehr zum typischen Gartenbild im Winter gehören, sondern eher die Ausnahme sein.

Während man früher Gemüse grundsätzlich ordentlich in Reihen pflanzte und ringsherum nur der nackte, unkrautfreie Boden zu erkennen war, können wir uns heute die Arbeit sehr erleichtern. Ein gut gemulchter Boden verdunstet viel weniger Wasser und schont den Rücken durch leichtere Bodenbearbeitung und geringeren Gießaufwand. Das Bodenleben wird angeregt und der Humusgehalt nachhaltig verbessert. Der Zustand des Bodens wirkt sich maßgeblich auf die Wasserhaltefähigkeit aus.

Sehr gute Methoden zum ressourcenschonenden und nachhaltigen Gärtnern im Klimawandel finden wir in der Permakultur, die bereits in den 1970er-Jahren vom Australier Bill Mollison konzipiert wurde. Ziel ist es, eine dauerhafte Landwirtschaft zu gestalten, in der möglichst wenig von außen kommt oder nach außen verschwindet. Alles sollte sich im Kreislauf befinden. Die einfachste und bekannteste Methode ist das Anlegen eines Komposts, der selbst in einem kleinen Garten Platz findet.

Pflanzenschädlinge erobern in Zeiten des Klimawandels besonders gerne unsere Gärten. Durch lange Trockenperioden ist das Gemüse längst nicht mehr so widerstandsfähig wie bei regelmäßiger Wasserversorgung. Läuse können ohne Anstrengung das weiche Pflanzengewebe anstechen. Erdflöhe fühlen sich bei warmem Wetter besonders wohl und durchlöchern Kohlblätter. Während Blattläuse schnell von Marienkäfern verspeist werden, fehlen bei den exotischen Einwanderern, wie z. B. der Grünen Reiswanze, natürliche Gegenspieler im Ökosystem. Gezielte Pflanzenstärkung, Schutznetze und der Anbau in Mischkultur kann dabei helfen, dass es nicht zum Totalausfall bestimmter Gemüsesorten kommt.

Das richtige Wassermanagement spielt eine entscheidende Rolle beim Gemüseanbau. Lange Trockenperioden werden oft nur noch von seltenen Starkregenereignissen abgelöst. Eine normale Regentonne mit 200 l Fassungsvermögen kann da nicht viel ausrichten. Wenn nur noch Trinkwasser zum Gießen zur Verfügung steht oder, noch schlimmer, die Gartenbewässerung auf diese Art sogar untersagt wird, benötigen wir größere Wasser-Speichermöglichkeiten und Gemüse, das auch mal länger als einen Tag ohne Wasser auskommt. Durch geschickte Sortenauswahl, angepasste Standortwahl und die Erziehung bestimmter Pflanzen zum Tiefwurzeln können wir unabhängiger von den Wetterextremen werden.

Zum angepassten Gärtnern an den Klimawandel gehört aber auch, den Garten insgesamt als Ökosystem zu betrachten, in dem alles miteinander zusammenhängt. Ein naturnaher Garten unter Berücksichtigung der Prinzipien der Permakultur ist dafür der beste Ansatz. Durch geschickte Pflanzung von schattenspendenden Bäumen, Gehölzen und Hecken, Dachbegrünung oder Fassadenbegrünung können wir das Kleinklima im Garten entscheidend beeinflussen. Mit entsprechenden Blumen und Stauden, die nützlich für die Insektenwelt sind, schaffen wir gleichzeitig Nahrungsgrundlagen für Vögel oder Fledermäuse. Das gezielte Fördern von Wildbienen und Nützlingen trägt zu einem großen Teil zum erfolgreichen Gemüsegärtnern bei. Ein positiver Nebeneffekt ist, dass man sich aktiv für den Artenschutz einsetzt und zum Sortenerhalter und Klimaschützer wird.

Klimawandel und besondere Wetterherausforderungen

Seit dem Hitzesommer 2003 häufen sich Wetterereignisse, die uns das Gärtnern deutlich schwerer machen und uns vor die unterschiedlichsten Herausforderungen stellen. Normalerweise wird die Wetterlage über Europa durch ein Westwindband bestimmt, bei dem sich Hoch- und Tiefdruckgebiete innerhalb von wenigen Tagen abwechseln. Es ist längst kein Einzelphänomen mehr, dass diese Strömung zeitweilig gestört ist und sich im Juni und Juli eine stabile trockene Hochdruck-

Ausgetrockneter Kartoffelacker, Sommer 2022

wetterlage bildet, die von kontinuierlicher Hitze und Trockenheit bestimmt wird. Genau diese Zeit ist für die optimale Entwicklung unseres Gemüses ausschlaggebend.

Starkregenereignisse wie in den Sommern 2013, 2021 oder 2023 setzen plötzlich Regionen unter Wasser, die früher nicht in der Hochwasserstatistik auftauchten. Besonders sind davon die sonst niederschlagsarmen Gebiete betroffen. Der durch langanhaltende Trockenheit hart und undurchlässig gewordene Boden kann das Wasser nicht aufnehmen und es fließt direkt in Flüsse und Kanalisation. Kommen dazu noch Stürme mit vereinzelten Tornados oder Hagel, kann das den Totalausfall der gesamten Ernte bedeuten.

Die Winter sind dagegen wesentlich milder geworden und der erste Frost kommt manchmal erst im Januar, was aber nicht bedeutet, dass jetzt auch alle südländischen Pflanzen problemlos und ungeschützt draußen überwintern können. Besonders Spätfröste lassen frühzeitig ausgetriebene Pflanzen und zu zeitig ausgepflanztes Gemüse erfrieren.

Zu starke Nässe durch winterliche Starkregen führen insbesondere bei schweren Böden gerne zu Staunässe, die an sich winterharte Pflanzen absterben lässt.

Wenn unser Gemüse durch zu große Hitze und Trockenheit geschwächt ist, wird es schneller von Schädlingen befallen. Je milder das Klima wird, umso länger können Schnecken und Co. aktiv bleiben und schlüpfen zeitiger im Frühjahr. Dazu kommen neu einwandernde Insektenarten, denen bei uns die natürlichen Gegenspieler fehlen und die sich daher explosionsartig ausbreiten können.

Wenn wir weiter Bio-Gemüse aus dem eigenen Garten genießen wollen, müssen wir uns den geänderten Gegebenheiten stellen und experimentierfreudig sein und bleiben. Unser besonderes Augenmerk sollte der Auswahl geeigneter Sorten, der Wasserversorgung und der Bodenbehandlung gelten.

Geschossener Salat durch extreme Hitze

Pflanzenauswahl

In diesem Buch wird eine Auswahl an besonders wärmeliebenden Gemüsen, die gar keinen Frost vertragen, vorgestellt, aber auch robuste, die Sie fast das ganze Jahr anbauen können, und solche, die, einmal gepflanzt, für immer da sind. Die veränderten klimatischen Bedingungen machen es möglich, dass die Beete viel länger genutzt werden können und das Gartenjahr nicht mehr automatisch im Herbst mit den ersten Frösten endet.

Während früher wärmeliebende Gemüse wie beispielsweise Auberginen in unserem Klima nur im Gewächshaus erfolgreich kultiviert werden konnten, stehen heute Sorten zur Verfügung, die auch im Freiland reifen. Es ist auch möglich, Sorten zu züchten, die mit aktuellen Klimaveränderungen wie zunehmender Trockenheit über einen längeren Zeitraum zurechtkommen.

Kartoffel 'Bamberger Hörnchen'

Leider ist das Ergebnis von professionellen Züchtern oft eine neue, nicht nachbaufähige F1-Sorte. Für Landwirte, die aus wirtschaftlichen Gründen auf den gesicherten Ertrag angewiesen sind, ist es am einfachsten, dieses Hybrid-Saatgut zu verwenden, das allerdings immer neu gekauft werden muss. Diese Entwicklung führt jedoch dazu, dass die über lange Zeit entstandene Sortenvielfalt Stück für Stück verloren geht und wir im Supermarkt zunehmend nur noch gleich aussehende und gleich schmeckende Gemüsesorten vorfinden.

Haben Sie schon gewusst, dass Blumenkohl lange Zeit in verschiedenen Farben gewachsen ist, bevor man die weiße Sorte gezüchtet hat? Alte Blumenkohlsorten weisen von Natur aus eigentlich eine große Farbvielfalt auf und besitzen orange, violette oder grüne Farbpigmente. Genauso verhält es sich mit den Karottensorten, die es in Orange, Weiß und Lila gibt.

Wir sind dazu aufgerufen, dafür zu sorgen, dass unser Lieblingsgemüse weiter in den verschiedensten Formen und Geschmacksrichtungen erhalten bleibt und durch eigene Saatgutvermehrung immer besser an unsere heimischen Bedingungen angepasst wird.

Während die Saatgutgewinnung bei einigen Gemüsesorten wie Tomaten oder Bohnen recht unkompliziert ist, kommt es bei den meisten Sorten fremdbestäubter Arten zur Verkreuzung untereinander oder mit wildwachsenden Vertretern der gleichen Art oder Gattung, d. h., die Nachkommen haben nicht notwendigerweise die gewünschten Eigenschaften. Verhindern kann man eine solche Verkreuzung nur durch gezielte Bestäubung. Möchte man Saatgut professionell vermehren, braucht es also einiges an botanischem Wissen über die Pflanzen und ihre Bestäuber. Solange man die Samen nur für sich selbst verwendet und nicht verkauft, ist Verkreuzung relativ unproblematisch. Aufpassen muss man vor allem bei Kürbisgewächsen, die mit dem giftigen Zierkürbis verkreuzen können, den vielleicht ein Nachbar angebaut hat, den Sie gar nicht kennen.

Zum Glück gibt es inzwischen einige Sortenerhalter wie ProSpezieRara, Arche Noah oder VEN (Verein zur Erhaltung der Nutzpflanzenvielfalt), die dafür sorgen, dass alte Gemüsesorten erhalten bleiben, indem sie sich um den Anbau und die Vermarktung von Saatgut kümmern. Sie setzen sich dafür ein, dass keine Patente auf langjährig bestehendes Saatgut erhoben wird und nach Möglichkeit neue, robuste Bio-Sorten ohne Patent (Open-Source-Saatgut-Lizenz) gezüchtet werden. Das setzt aber voraus, dass wir uns das Saatgut bei den entsprechenden Anbietern besorgen und die Sorten immer wieder anbauen.

Alte Blumenkohlsorten

Falls Sie keine Möglichkeit haben, eigene Jungpflanzen zu ziehen, gehen Sie nicht in den erstbesten Baumarkt, der auf Ihrem Weg liegt. Gemüsepflanzen ohne Angabe des Herstellerbetriebes und ohne Sortenangabe sollte man im eigenen Garten vermeiden. Natürlich ist es preiswert und verlockend, die kleinen Erdpresstöpfchen aus dem Gartencenter mit nach Hause zu nehmen. Aber oftmals stehen die Pflänzchen schon länger unter Stress. Sie bekommen wochenlang zu wenig Licht, zu wenig Wasser und wachsen bereits mit den Wurzeln ineinander. Kohlrabi- und Kohlpflanzen, die schon am Anfang krumm und schief wachsen, bieten keine guten Voraussetzungen für eine erfolgreiche Ernte. Ohne torfhaltiges Substrat sind sie auch nicht zu bekommen und das Ergebnis sind geschwächte Pflanzen, die schneller krank oder von Schädlingen vernichtet werden.

In diesem Buch sind einige Pflanzen aufgelistet, von denen Jungpflanzen nur schwer oder gar nicht zu erhalten sind. Es lohnt sich, von diesen Sorten Samen zu besorgen. Ein wenig Internetrecherche bringt gute Ergebnisse, besonders wenn man auf Bio-Anbieter zurückgreift. Im Anhang finden Sie eine Auswahl an empfehlenswerten Saatgutanbietern.

Beachten Sie unbedingt die Aussaatzeiträume, die für den erfolgreichen Anbau der jeweiligen Sorte eingehalten werden müssen. Je nach Wohnort kann es sein, dass Sie einen Monat eher im Frühjahr beginnen oder einen Monat länger im Herbst ernten können. Machen Sie sich am besten Notizen zu den eigenen Aussaatterminen und den jeweiligen Wetterbedingungen. Auf diese Weise erhalten Sie im Laufe der Zeit wichtige Daten, die zum erfolgreichen Gärtnern beitragen.

Alle vorgestellten Pflanzen sind auf ihre Freilandtauglichkeit in Bayern, speziell in Mittel-, Ober- und Unterfranken, getestet worden.

Wasserversorgung

Gemüse ohne Wasser anbauen? Das wird nicht funktionieren, außer Sie möchten sich nur noch von Wildkräutern ernähren. Jedes Gemüse, das wir gerne essen, ist im Laufe der Jahrhunderte auf große Fruchtkörper gezüchtet worden und dafür braucht es vor allem eins – Wasser – und das meistens nicht zu knapp. Die Gemüsearten unterscheiden sich nur darin, ob sie Wasser gut speichern können oder ob ihr Wurzelwerk sich bis in tiefere Schichten ausbreiten kann. Grundsätzlich gilt aber: Je mehr Blattmasse oberirdisch gebildet wird, umso mehr Wasser wird insgesamt benötigt. Um Gemüse auch in Zeiten der Wasserknappheit anzubauen, sind vor allem zwei Aspekte wichtig: genügend Wasser zu speichern und Wasser sinnvoll zu nutzen.

Wasser speichern

Wenn wir erfolgreich Gemüse anbauen möchten, sollten wir versuchen, mehr Auffangmöglichkeiten für das kostbare Nass zu schaffen, das seltener, dafür aber umso reichlicher vom Himmel kommt. Sind Sie in der glücklichen Lage, dass Sie gerade einen Garten neu anlegen, dann ist eine Regenwasserzisterne eine gute Anschaffung. Auch wenn zunächst hohe Kosten entstehen, gibt es viele Vorteile, die sich im Laufe der Zeit bemerkbar machen. An sinkenden Grundwasserspiegeln sieht man bereits, dass es langfristig ein Problem mit zu wenig Trinkwasser geben wird. Dann kann es in besonders trockenen Sommern passieren, dass Gemeinden die Gartenbewässerung untersagen. Vielleicht gibt es in Zukunft Fördergelder für die

IBC Cube für 1000 l Wasser

Wasserspeicherung auf dem eigenen Grundstück, denn das Wasser fließt ja durch die Speicherung nicht in die Kanalisation und Trinkwasser wird eingespart. In gefährdeten Regionen trägt es sogar zum aktiven Hochwasserschutz bei, wenn möglichst viele Gartenbesitzer eine Zisterne haben. Besitzen Sie nur einen kleinen Garten, dann sind Regentonnen eine gute Alternative, die es in verschiedenen Größen im Handel gibt. Für größere Anbauflächen haben sich 1000-Liter-IBC (Intermediate Bulk Container)-Wassertanks bewährt. Mit etwas handwerklichem Geschick können Sie diese optisch weniger gut aussehenden Tanks mit einer Holzverkleidung verschönern oder sie mit Kletterpflanzen begrünen. Für Gartenflächen ohne Wasseranschluss sind die Tanks ideal, da sie transportabel sind.

Wasser effektiv nutzen

Wer einen Garten hat, kann sich die Kosten für das Fitness-Studio sparen. Das trifft besonders auf diejenigen zu, die ihren Garten per Gießkannen mit Wasser versorgen. Wenn die Anbaufläche klein ist oder nur eine Terrasse oder Balkon gegossen werden muss, ist das eine akzeptable Variante.

Schwere Zink-Gießkannen aus alten Zeiten

Regenwassertonne mit Holzverkleidung

Bei größeren Flächen benötigen Sie viel Zeit und vor allem Kraft. Viel einfacher und schneller geht es mit einem Wasserschlauch mit Bewässerungsbrause. Hier sind die Modelle mit einem Start-Stop-Hebel am besten geeignet, um nicht die ganze Fläche, sondern punktuell wässern zu können. Gießen Sie immer gezielt ins Erdreich, da die meisten Gemüsepflanzen mit Pilzerkrankungen auf zu viel Wasser auf den Blattoberflächen reagieren. Am besten gießt man daher auch in den Morgenstunden. Beim abendlichen Wässern bleibt der Boden die ganze Nacht feucht und darüber freuen sich vor allem die gefürchteten Nacktschnecken.

Bereits beim Pflanzen kann darauf geachtet werden, dass Wasser gezielt zu den Wurzeln gelangt. Um den Jungpflanzen ein gutes Anwurzeln zu ermöglichen, wässern Sie das Pflanzloch nach Möglichkeit bereits vor dem Einpflanzen durchdringend. Drücken Sie die Erde gut an und bilden Sie um die Pflanzen einen Gießrand. Dazu wird einfach etwas Erde kreisförmig um die Pflanze gehäufelt, um gezielt wässern zu können. Eine Mulchschicht zwischen den Pflanzen verringert die Verdunstung.

Am effektivsten ist eine automatische Bewässerung über dauerhaft verlegte Tropfschläuche. Ist die Bewässerungszeit einprogrammiert, müssen Sie nicht mehr morgens im Garten stehen, wenn die Zeit ohnehin knapp ist. Dann können Sie auch

Tröpfchenbewässerung für Salatpflanzen

ohne schlechtes Gewissen im Hochsommer in den Urlaub fahren, ohne dass die Nachbarn stundenlang Ihren Garten gießen müssen.

Falls Sie in Kübeln oder Kästen gärtnern, gibt es Modelle mit Wasserspeicher im Boden. Das ist bei längerer Abwesenheit hilfreich, aber es gibt manchmal Probleme mit der Technik und es kann passieren, dass die Pflanzen durch Staunässe ertränkt werden, wenn sie nicht regengeschützt stehen. Regelmäßige Kontrolle ist daher erforderlich. Einfacher ist die Tröpfchenbewässerung von oben oder die Tonkegelmethode in Verbindung mit einem Wasserreservoir. Damit erhalten die Pflanzen nur so viel Wasser, wie sie wirklich benötigen.

Gießen Sie Ihre Pflanzen ausreichend, aber am besten nicht täglich, damit sich ein tiefgehendes Wurzelsystem ausbilden kann. Pflanzen neigen dazu, schwach und nur oberflächlich zu wurzeln, wenn dort dauerhaft genügend Wasser zu Verfügung steht. Bei Wassermangel werden die Wurzeln umso länger, je länger die Trockenheit besteht. Einige Gemüsepflanzen wie die Pastinaken oder Karotten sind Tiefwurzler und werden umso größer, je besser man die Wasserversorgung löst. Weniger gut klappt das natürlich bei Salaten mit einer im Verhältnis zum Wurzelwerk großen Blattoberfläche. Mangold neigt mit seiner großen Blattoberfläche dazu, in den Mittagsstunden die Blätter hängen zu lassen. Da er zu den Tiefwurzlern gehört, sollte man ihn beobachten. Meistens ist es so, dass er sich am nächsten Morgen wieder erholt hat. Gießen sollten Sie Ihre Gemüsepflanzen auf jeden Fall, wenn die Pflanzen bereits am Morgen die Blätter hängen lassen.
Um einzelne Pflanzen wie Tomaten, Zucchini oder Mais gezielt von unten zu bewässern, hat es sich bewährt, neben die Pflanzen einen leeren Blumentopf aus Ton mit der Öffnung nach oben einzugraben und immer darüber zu gießen. Ein uralter ausrangierter Blumentopf aus dem Gartenschuppen genügt.

Für Hochbeete oder größere flächige Beete, wie in der Mitte eines Bohnentipis, sind Ollas gut als Wasserspeicher geeignet. Dabei handelt es sich um bauchige, unglasierte Wassergefäße aus gebranntem Ton (Terrakotta) in verschiedenen Größen, die vollständig eingegraben werden. Das Wasser sickert ganz allmählich vom Tongefäß ins angrenzende Erdreich. Die Gefäße müssen nur rechtzeitig im Herbst wieder ausgraben werden, da sie nicht frostfest sind. Achten Sie beim Kauf unbedingt auf gute Qualität, da viele Modelle bereits nach einem Jahr Dauereinsatz kaputt gehen. Ollas kann man sehr einfach auch selbst bauen: Zwei Ton-Blumentöpfe werden mit der Oberseite aufeinandergeklebt und ein Abzugsloch verschlossen. Über die verbliebene Öffnung wird gegossen. Das gelingt am besten mithilfe eines Trichters. Das Loch kann gegen Verdunstung mit einem umgedrehten Blumentopf-Untersetzer abgedeckt werden.

Olla aus unglasiertem Ton zur Wasserspeicherung

Der Boden im Klimawandel

Genauso wichtig wie die optimale Wasserversorgung ist die ausreichende Versorgung der Pflanzen mit den wichtigen Nährstoffen Stickstoff, Phosphor und Kalium, die über die Wurzeln im Boden aufgenommen werden und für starke und gesunde Gemüsepflanzen sorgen. Veränderte klimatische Bedingungen wirken sich auf den Boden und damit auch auf das Pflanzenwachstum aus. Insbesondere längere Trockenphasen und weniger regelmäßige Niederschläge führen dazu, dass die Böden austrocknen und verhärten. In solchen Böden werden die Nährstoffe nicht mehr gelöst und sind damit nicht mehr pflanzenverfügbar. Das Bodenleben zieht sich in tiefere Erdschichten zurück und es wird kein Humus mehr gebildet. Ausgetrocknete Böden fördern außerdem die Bodenerosion und führen dazu, dass Wasser nicht mehr versickert, sondern ungenutzt in die Kanalisation oder in Flüsse abfließt. Es gibt jedoch ein paar einfache und effektive Maßnahmen, um den Boden an die veränderten klimatischen Bedingungen anzupassen.

Bodenvorbereitung

Im Frühjahr und Herbst haben wir in der Regel kaum Probleme, mit dem Spaten in den Boden zu kommen, da in dieser Jahreszeit ausreichend Niederschlag fällt. Zur Pflanzzeit der wärmeliebenden Gemüsesorten, ab Mitte Mai bis zum Sommer, kann es dagegen passieren, dass die obersten Bodenschichten bereits ausgetrocknet und verhärtet sind. Dann ist jede Bodenbearbeitung kaum noch möglich. Auch Gieß- oder Regenwasser kann nicht mehr ausreichend vom Boden aufgenommen werden. Daher ist es wichtig, sich früh genug um den Boden zu kümmern und Maßnahmen zu ergreifen, damit wir einen lockeren und humusreichen Boden haben, wenn wir die Jungpflanzen auspflanzen oder säen möchten.

Am besten gelingt die Bodenverbesserung, wenn man schon ein Jahr vor dem geplanten Anbau mit der Vorbereitung beginnt. Ist die Fläche noch mit Wiese belegt oder stark verunkrautet, kann sie für

Unkrautfreier Boden im Frühjahr nach einjähriger Abdeckung

ein halbes bis ein Jahr mit einem wasserdurchlässigen Bändchengewebe abgedeckt werden. Die darunter wachsenden Gräser oder Wildkräuter sterben durch den Lichtmangel ab und die Bodenlebewesen arbeiten unterirdisch an der Zersetzung des abgestorbenen Pflanzenmaterials weiter. Das Ergebnis ist ein lockerer, humoser und unkrautfreier Boden.

In England arbeitet Charles Dowding besonders erfolgreich mit der von ihm entwickelten No-Dig-Methode. Dabei wird der Boden zur Beetvorbereitung nicht umgegraben. Das ist wunderbar für ungeduldige Gärtner, die nicht ein Jahr mit dem Anbau warten möchten, bis sie den idealen Boden erhalten. Die Beete werden mit mehreren Lagen unbedruckter Pappe ausgelegt und sofort mit einer dicken Schicht Kompost bedeckt. Im ersten Jahr können auf den nährstoffreichen Beeten Starkzehrer wachsen. Die Pappe wird ziemlich schnell zersetzt und ist nach einem Jahr nicht mehr zu sehen. Diese Methode schont nicht nur die Bodenlebewesen, sondern auch Ihren Rücken. Ohne großen Aufwand erhält man unkrautfreie Beete mit lockerem, humusreichem Boden, der gut Wasser speichern kann.

Eine Ausnahme stellen besonders schwere und verdichtete Böden.dar. Hier kann es immer noch sinnvoll sein, den Boden im Winter umzugraben, um ihn durch die Frostgare locker und feinkrümlig zu erhalten. Wer ein Befürworter dieser Methode ist, sollte nicht zu zeitig im Herbst umgraben, da der Boden noch bis weit in den Herbst hinein frostfrei ist und die Bodenlebewesen noch lange aktiv sind. Durch Bodenbearbeitung bei milder Witterung werden Nährstoffe freigesetzt, die dann nicht mehr für das Pflanzenwachstum genutzt werden können. Die Niederschläge im Winter waschen sie dann einfach aus und sie landen im Grundwasser. Ein zu frühes Umgraben macht die Böden nährstoffärmer, weniger wasserspeicherfähig und es schadet der Umwelt.

Bodenpflege

«Einmal hacken spart dreimal gießen!» – Mit diesem Spruch haben sich schon unsere Großeltern durch den Garten «geackert». Vielleicht war das viele Unkrautjäten und Hacken ein Grund dafür, dass die nächste Generation die Gärten überwiegend als Ziergärten mit Blumen und Stauden angelegt hat. Früher gab es mehr gleichmäßigen Landregen. Durch das Hacken konnte einerseits weniger Wasser verdunsten, andererseits aber auch besser in den Boden eindringen. Damit ersparte man sich einiges an Gießarbeit. Wenn es jedoch wochenlang nicht regnet, ist dieser Vorteil dahin. Selbst Unkräuter lassen sich dann durch Hacken kaum mehr entfernen, da sie sehr tief wurzeln und gleich wieder austreiben.

Besser ist es, den Boden als Verdunstungsschutz von Anfang an zu mulchen und nie unbedeckt zu lassen, damit die Oberfläche gar nicht erst austrocknen kann. Auch Unkraut hat durch den Lichtmangel keine Chance mehr zu wachsen. Ein Nachteil ist, dass sich die Nacktschnecken auf so einem gut feuchten Boden wie im Paradies fühlen.

Es gibt einige Gemüsekulturen, z. B. Kartoffeln, Buschbohnen, Lauch oder Fenchel, die vom Hacken profitieren. Bei jedem Hacken kann die Erde um die Pflanzen herum angehäufelt werden. Lauch bekommt dadurch lange weiße Stängel und Fenchel schöne weiße Knollen. Buschbohnen werden durch das Anhäufeln standfester und Kartoffeln benötigen die dicken Hügel zur Knollenbildung. Gleichzeitig bilden sich kleine Gräben neben den Pflanzen, die eine ideale Wasserrinne bilden. Das Gießwasser erreicht so direkt die Wurzeln.

Mulchmaterialien

Ein Mulchmaterial, das im Frühjahr fast überall zur Verfügung steht, ist der **Rasenschnitt** von der frisch gemähten Wiese. Verteilen Sie das frische Schnittgut aber nur ganz dünn auf den Boden, da es sonst zu Schimmel und Fäulnis kommt. Sollten die Gräser schon Samen tragen, ist die Verwendung nicht sinnvoll, da sich der Vorteil des Nichtjätens sonst ins Gegenteil verkehrt. Ab Juni fängt die nicht gedüngte und nicht bewässerte Wiese in den trockenen, heißen Sommern üblicherweise an zu vertrocknen und im Juli und August wird Rasenschnitt zur Mangelware. Dann sollten Sie nach anderen Materialien Ausschau halten. Sie können jedes organische Material verwenden, das im Garten durch Schnittmaßnahmen anfällt: Kräuter, gekürzte Stauden und klein gehäckselte Äste. Besonders ideal sind Kräuter, die gleichzeitig düngend wirken, wie Beinwellblätter oder Brennnesseln, aber auch Gemüseabfälle oder hin und wieder Kaffeesatz eignen sich. Diese organischen Materialien mögen die Regenwürmer besonders gern und sie sorgen direkt um die Pflanzen herum für wertvolle Humusbildung.

Kürbis mit Stroh als Mulchdecke

Gemüsepflanzen, deren Früchte auf dem Boden liegen, profitieren von **Stroh** als Unterlage. Dieses bleibt die ganze Gartensaison auf dem Boden und verrottet nur sehr langsam. Kürbisse, Gurken, Melonen und Zucchini neigen auf nassem Boden liegend sonst zum Faulen. Auch Holzhäcksel sind geeignet, aber dann muss der Boden regelmäßig gedüngt werden, da bei der Verrottung zusätzliche Nährstoffe in Form von Stickstoff verbraucht werden. Ideal sind Holzhäcksel, um die Wege zwischen den Beeten großflächig zu bedecken. Sie bleiben unkrautfrei und halten dort länger die Feuchtigkeit im Boden. Angrenzende Pflanzen wachsen oft besonders gut, wenn sie ihre Wurzeln bis unter den Wegbelag ausbreiten können.

Seit einiger Zeit wird im Handel **Miscanthusmulch** angeboten, der besonders geeignet ist, wenn Schnecken vom Gemüse abgehalten werden sollen. Das trockene und pieksige Häckselgut ist für sie ein großes Hindernis. Der Nachteil ist, dass man es nicht im eigenen Garten zur Verfügung hat. Für einen großen Gemüsegarten braucht man auch sehr viel davon.

Für wärmeliebende Pflanzen hat sich Schafwolle als wärmendes und bodenschützendes Material bewährt. Frische **Rohwolle** erhalten Sie in vielen Schäfereien als Abfallprodukt. Ist die Wolle am Ende der Saison verrottet, kann sie einfach untergegraben werden und als Dünger wirken.

Herbstlaub ist ideal, um empfindliche Kulturen, die noch länger in den Beeten bleiben sollen, zu schützen. Sie können auch im September auf abgeernteten Beeten noch Gründüngung säen. Die Pflanzen sterben bei Frost ab und können liegen gelassen werden, bis sie im Frühjahr untergearbeitet werden.

Düngung – vorzugsweise organisch

Die meisten Gemüsearten benötigen neben Wasser reichlich Nährstoffe wie Stickstoff (N), Phosphor (P) und Kalium (K). Zugeführt werden können sie über synthetisch hergestellte mineralische Dünger und über organische Düngemittel, im Handel als NPK-Dünger verfügbar.

Mineralischer Dünger sollte im naturnahen Haus- und Gemüsegarten allerdings besser nicht verwendet werden. Auch wenn dieser Dünger sehr schnell von den Wurzeln aufgenommen werden kann, hat er einige Nachteile:

Paprikapflanzen mit Schafwoll- und Miscanthusmulch

1. **Nährstoffungleichgewicht:** Mineralischer Dünger enthält oft nur eine begrenzte Anzahl von Nährstoffen, hauptsächlich Stickstoff, Phosphor und Kalium. Wenn diese Nährstoffe in übermäßigen Mengen auf den Boden aufgebracht werden, kann es zu einem Ungleichgewicht kommen. Dies kann zu einer Verschlechterung der Bodenqualität führen und das Wachstum von Pflanzen beeinträchtigen. Ein Nährstoffungleichgewicht kann nur durch Bodenanalysen ermittelt werden.
2. **Überdüngung mit Stickstoff:** Durch die schnelle Aufnahme der Nährstoffe, speziell von Stickstoff, wird das Pflanzenwachstum beschleunigt. Überdüngung führt zu verstärktem Triebwachstum bei geringem Wurzelwachstum. Die Zellwände der Pflanzen werden weicher und damit weniger widerstandsfähig gegen Schädlingsbefall, Krankheiten und Wettereinflüsse. Fruchtgemüse bildet bei zu viel Stickstoff mehr Blattmasse und weniger Früchte aus.
3. **Bodenversauerung:** Einige mineralische Dünger können den pH-Wert des Bodens senken und ihn saurer machen. Dies kann dazu führen, dass der Boden weniger fruchtbar und das Wachstum bestimmter Pflanzenarten behindert wird.
4. **Verlust der Bodenfruchtbarkeit:** Mineralischer Dünger kann zu geringerer Bodenfruchtbarkeit führen, da er die natürlichen Prozesse der Bodenbildung und des Nährstoffkreislaufs stört.
5. **Umweltauswirkungen:** Übermäßige Anwendung von mineralischem Dünger kann zu einer Überdüngung führen, bei der überschüssige Nährstoffe in Gewässer gelangen. Dies kann zu Algenblüten und einem Ungleichgewicht im Ökosystem führen. Besonders bei Sandböden können leicht lösliche Nährstoffe durch die mangelnde Bodenstruktur nicht gehalten werden. Sie werden ausgeschwemmt und sammeln sich in tieferen Bodenschichten oder im Grundwasser. Außerdem werden Mineraldünger in aufwendigen chemischen Verfahren hergestellt und verbrauchen daher viele Ressourcen sowohl beim Abbau als auch bei der Herstellung.

Organische Dünger wirken meistens nicht so schnell wie mineralische Dünger. Sie erfordern eine längere Zeit, um ihre volle Wirkung zu entfalten. Dennoch bieten sie langfristige Vorteile für die Bodengesundheit und das nachhaltige Gärtnern:

1. **Verbesserung der Bodenstruktur:** Organische Dünger wie Kompost oder Mist tragen zur Verbesserung der Bodenstruktur bei. Sie erhöhen den Gehalt an organischer Substanz im Boden, was die Bodenstruktur lockert, die Wasserspeicherkapazität verbessert und die Belüftung fördert. Dadurch wird die Bodenfruchtbarkeit langfristig verbessert.
2. **Nährstoffversorgung:** Organische Dünger enthalten eine Vielzahl von Nährstoffen, einschließlich Stickstoff, Phosphor, Kalium und Spurenelementen. Diese Nährstoffe werden langsam freigesetzt und sind somit über einen längeren Zeitraum verfügbar. Dadurch wird eine gleichmäßige und nachhaltige Nährstoffversorgung für die Pflanzen gewährleistet.
3. **Förderung des Bodenlebens:** Organische Stoffe werden durch mikrobielle Zersetzung von einer Vielzahl von Mikroorganismen, Würmern und anderen Bodenorganismen langsam in pflanzenverfügbare Nährstoffe umgewandelt. Die organische Substanz erhöht die biologische Aktivität im Boden. Dabei wird kontinuierlich neuer Humus gebildet. Die Folge sind gesunde Böden, in denen Pflanzen wachsen, die widerstandsfähiger gegen Schädlinge und Krankheiten sind.
4. **Umweltfreundlichkeit:** Organische Dünger sind meistens umweltfreundlicher als mineralische Dünger. Tierische Düngemittel sollten jedoch aus ökologischer und artgerechter Haltung stammen. Sie werden aus natürlichen Materialien hergestellt und tragen nicht zur Verschmutzung von Gewässern bei, da die Nährstoffauswaschung nur gering ist.

Die meisten organischen Dünger lassen sich ganz einfach selbst herstellen.

Kompost

Wenn Ihr Garten nicht allzu klein ist, lohnt es sich, einen Kompost anzulegen. Idealerweise sollte er aus mindestens zwei offenen Kompostmieten bestehen, damit jährlich abwechselnd ein Kompost ruhen (reifen) kann. Selbst hergestellter Kompost liefert viele wichtige Nährstoffe für das Gemüsewachstum und hat den Vorteil, dass man weiß, was kompostiert worden ist. Für wenig Platz im Garten haben sich Thermokomposter bewährt, die für eine besonders schnelle Verrottung sorgen.

Kompost enthält eine Vielzahl von organischen Materialien, die den Boden lockern und die Bodenstruktur verbessern. Er enthält alle für die Pflanzen erforderlichen Haupt- und Spurennährstoffe. Durch die Zugabe von Kompost wird der Boden feinkrümelig und besser durchlässig für Wasser und Luft. Das Wurzelwachstum wird dadurch gefördert und ermöglicht den Gemüsepflanzen eine bessere Nährstoffaufnahme.

Offener Holzkomposter im Halbschatten

Die Wasserspeicherkapazität des Bodens wird verbessert, da Kompost Wasser besser aufnehmen und speichern kann, was besonders in trockenen Perioden von Vorteil ist. Die im Kompost enthaltenen Nährstoffe werden langsam freigesetzt und sind über einen längeren Zeitraum verfügbar.

Im Kompost ist eine Vielzahl von Mikroorganismen, Würmern und anderen Bodenorganismen enthalten. Diese Organismen zersetzen den Kompost und tragen zur Bildung von Humus bei. Sie erhöhen die biologische Aktivität und unterstützen den Abbau von organischem Material.

Der ideale Standort für einen Kompost liegt im Schatten oder Halbschatten. Volle Sonne ist zu vermeiden. Ist es im Sommer lange Zeit sehr trocken, sollten Sie dem Kompost eine Kanne Wasser spendieren, damit die Umsetzungsprozesse nicht ins Stocken geraten. Das gilt ganz besonders für die Thermokomposter, die durch die Abdeckung kein Regenwasser abbekommen, aber Wasser durch die kleinen Öffnungen verdunsten kann.

Kompostplatz direkt im Beet

Bokashi

Befindet sich Ihr Garten nicht direkt am Haus, ist das Sammeln der Küchenabfälle für den Kompost etwas kompliziert. Dann bietet sich die Anschaffung eines Bokashi-Eimers an, mit dem alle organischen Abfälle sofort verwertet werden können, ohne dass unangenehme Gerüche auftreten.

Der Begriff «Bokashi» stammt aus dem Japanischen und bedeutet «fermentierter organischer Abfall». In einem speziellen Bokashi-Eimer werden organische Abfälle wie Gemüsereste, Kaffeesatz und Eierschalen mithilfe von speziellen Bokashi-Starterkulturen fermentiert. Diese Starterkulturen bestehen aus einer Mischung von effektiven Mikroorganismen (EM) wie Milchsäurebakterien, Hefen und Photosynthesebakterien. Die Fermentation erfolgt anaerob, also ohne Sauerstoffzufuhr. Die Mikroorganismen zersetzen die organischen Abfälle und wandeln sie in eine nährstoffreiche Masse um.

Während des Fermentationsprozesses entsteht eine Flüssigkeit, die als Bokashi-Saft bezeichnet wird und als flüssiger Dünger verwendet werden kann. Der fertige Bokashi-Kompost ist reich an Nährstoffen und Mikroorganismen. Er kann direkt in den Boden eingearbeitet werden, um die Bodenstruktur zu verbessern und die Pflanzengesundheit zu fördern. Er enthält auch eine hohe Konzentration an nützlichen Mikroorganismen, die das Bodenleben fördern und den Abbau von organischem Material unterstützen.

Weitere empfehlenswerte organische Dünger

Hornspäne: Stickstoffbetonter Langzeitdünger, der direkt bei der Pflanzung in den Boden gegeben werden sollte.

Hornmehl: Stickstoffreicher Dünger mit schneller Wirkung.

Tiermist: Hühner-, Rinder- oder Pferdemist enthält Stickstoff, Phosphor, Kalium und Magnesium und kann im Frühjahr oder Herbst leicht in den Boden eingearbeitet werden. Nur abgelagerten Mist verwenden.

Schafwollpellets, Rohwolle: Hohes Quellvermögen und dadurch gute Wasserspeicherfähigkeit. Langzeitdünger mit Stickstoff, Phosphor, Kalium, Magnesium und Schwefel.

Pflanzenjauchen: Beinwell- oder Brennnesseljauchen liefern viel schnell verfügbaren Stickstoff und Kalium und sind ideal zur Düngung von stark- und mittelzehrendem Gemüse.

Gründüngung: Phazelie und Leguminosen fixieren Stickstoff im Boden.

Kleedünger (Pellets): Pflanzlicher Langzeitdünger. Enthält Stickstoff, Phosphor und viel Kalium.

Schutz vor Wetterextremen

Wie wir bereits gesehen haben, stellt uns das Gärtnern in Zeiten des Klimawandels vor ganz besondere Herausforderungen. Der beste, humusreiche Boden nützt nichts, wenn das Gemüse kurz vor der Ernte vom Hagel vernichtet wird. Wir müssen uns zukünftig auf häufigere und intensivere Extremwetterereignisse wie Stürme, Hitzewellen und Starkregen einstellen, die die Pflanzen schädigen können. Es ist wichtig, den Garten auf solche Ereignisse vorzubereiten, indem man beispielsweise windgeschützte Standorte wählt, Schattierungen anbringt oder Überschwemmungen vorbeugt.

Abhilfe bei zu viel Sonne

Jede Pflanze besitzt ihr spezifisches Temperatur-Optimum, bei der sie am besten wachsen kann. Wird diese Temperatur überschritten, ist mit Wachstums- und Ertragseinbußen sowie einer höheren Anfälligkeit gegenüber anderweitigen Stressfaktoren wie Krankheiten und Schädlingen zu rechnen. Die vergangenen Jahre haben gezeigt, dass die Temperaturen im Sommer häufiger und länger anhaltend über 30 Grad ansteigen können. Nach einigen Tagen unter diesen extremen Bedingungen hängen selbst die Blätter von robusten Gemüsekulturen und Früchte bekommen Sonnenbrand. Wenn möglich, sollte man die Pflanzen daher vor extremer Sonne schützen.

Dafür eignen sich beispielsweise andere, hoch wachsende Gemüsepflanzen, die als Mischkultur-Partner neben hitzeempfindlichem Gemüse angebaut werden können und so den notwendigen Schatten spenden (einige dieser nützlichen «Senkrechtstarter» werden ab S. 118 vorgestellt). Ein Klassiker sind die Stangenbohnen am Bohnentipi.

Es gibt etliche Gemüsearten, die gar nicht unbedingt an vollsonnigen Standorten gepflanzt werden müssen, sondern auch gut im Halbschatten, z. B. in der Nähe von Mais oder Tomaten, wachsen. Dabei sollte nur sichergestellt werden, dass mindestens 4–6 Stunden Sonnenlicht verfügbar sind. Dies gilt beispielsweise für

- **Blattgemüse:** Salat, Spinat, Mangold, Asia-Salate, Rucola, Feldsalat.
- **Fruchtgemüse:** Gurken.
- **Kohlgemüse:** Grünkohl, Rosenkohl und Brokkoli.
- **Wurzelgemüse:** Radieschen, Rüben, Möhren.
- **Kräuter:** Petersilie, Koriander, Minze.

Vor allem frisch gepflanzte Gemüsejungpflanzen sollten vor zu viel Sonne geschützt werden. Bereits im Mai und Juni gab es in den letzten Jahren sehr hohe Temperaturen, teilweise über 30 °C. Eine Lage weißes Vlies über dem Beet leistet hier gute Dienste zur Beschattung.

Vielseitig einsetzbares Vlies

Vlies hält Aussaaten länger feucht.

Ein Frostschutzvlies hat ganzjährig isolierende Eigenschaften, ist leicht, licht- und feuchtigkeitsdurchlässig, atmungsaktiv, UV- und witterungsbeständig und kann mehrfach genutzt werden. Im Frühjahr kann es als Abdeckung auf Aussaat- und Frühbeeten vor Spätfrösten und zu intensiver Sonneneinstrahlung verwendet werden. Im Sommer hält es die Aussaaten für das Herbst- und Wintergemüse länger feucht. Im Herbst und Winter dient es als Schutz vor Kälte und Schnee. Je dichter das Gewebe ist, umso schwerer wird es leider bei Nässe. Bewährt haben sich Vliese mit einem Gewicht von 80 g/qm. Damit das Gemüse nicht vom Vlies erdrückt wird, ist ein Tunnel aus Federstahlstäben hilfreich, der mit dem Vlies bespannt werden kann. Das Vlies schützt gleichzeitig vor Insekten und Vögeln. Ohne Tunnel als Abstandhalter sollte man die Beete bei Regenwetter wieder aufdecken, damit die Jungpflanzen nicht abknicken.

Schutz vor Stürmen

Die meisten Extremwetterereignisse wie Hagel und Starkregen treten in Verbindung mit Stürmen auf. Um Ihren Gemüsegarten davor zu schützen, können Sie die folgenden vorbeugenden Maßnahmen ergreifen:

- **Materialwahl:** Verwenden Sie robuste Materialien wie Metall oder Holz für Ihre Pflanzenbeete, Gewächshäuser oder Rankgitter. Stellen Sie sicher, dass alle Strukturen gut verankert sind, um starken Winden standzuhalten.
- **Mulchen:** Eine dicke Schicht Mulch um die Pflanzen herum kann den Boden vor Erosion schützen und dazu beitragen, dass die Pflanzen tiefer wurzeln und damit besser im Boden verankert bleiben, wenn es zu starkem Wind kommt.
- **Stützen und Binden:** Verwenden Sie stabile Stützen und Rankhilfen, um hochwachsende Pflanzen wie Tomaten oder Bohnen zu unterstützen. Binden Sie die Pflanzen vorsichtig an die Stützen, um sie vor dem Umknicken oder Abbrechen zu schützen.
- **Frühzeitige Ernte:** Wenn Sie wissen, dass ein Sturm bevorsteht, können Sie eventuell einiges von dem Gemüse vorzeitig ernten. Dadurch reduzieren Sie das Risiko von Schäden durch den Sturm.
- **Hecken pflanzen:** Eine naturnahe Hecke aus verschiedenen Sträuchern bietet einen guten Schutz vor Stürmen und ist gleichzeitig eine Nistmöglichkeit für Vögel. Besonders gut eignen sich gemischte Wildobsthecken.

Flexible Beschattung im Gewächshaus

Tomaten beschatten Basilikum

Veränderte Anbaubedingungen

Die meisten Gemüsekulturen, die wir seit Jahrzehnten anbauen, kommen ursprünglich aus wärmeren Regionen Südamerikas. Sie vertragen keinen Frost und müssen zwischen dem Ende der Spätfröste im Frühjahr und dem Einsetzen der ersten Fröste im Herbst angebaut und reif werden. Durch immer mildere Temperaturen im Winter verändert sich dieser Anbauzeitraum. Wärmeliebende Gemüse können zeitiger ins Freiland gepflanzt werden und bilden über einen längeren Zeitraum reife Früchte. Durch längere Anbauperioden tragen einige wärmeliebende Gemüsesorten, die bisher nur im Gewächshaus angebaut werden konnten, wie beispielsweise Okra oder Auberginen, plötzlich auch im Freiland reife Früchte.

Der Anbau ist gar nicht so schwierig, wenn das Wetter passt. In unseren Breiten muss jedoch auch immer mit unvorhergesehenem Frost oder einem außergewöhnlich verregneten Sommer gerechnet werden, die das Pflanzenwachstum und/oder die Fruchtreife verhindern. Es bietet sich daher an, sehr wärmeliebende Gemüsesorten zunächst in einem großen Kübel anzupflanzen, den man bei ungünstigen Wetterverhältnissen umstellen kann. Besonders Auberginen profitieren vom Anbau in Kübeln oder Hochbeeten und tragen zuverlässig Früchte, wenn man Sorten mit kurzer Anbauzeit auswählt.

Wahl des Saatgutes

Wählen Sie beim Saatgutkauf am besten Gemüsesorten aus, die für Ihre Region geeignet sind und auch problematischen Wetterbedingungen standhalten. Achten Sie auf Sorten, die hitze- oder kältetolerant sind, sowie auf solche, die kurze Anbauphasen haben. Informieren Sie sich auch bei lokalen Bio-Gärtnereien über empfohlene Sorten für Ihre Region. Vielleicht haben Sie sogar Lust, zusammen mit einem Saatgutverein eine seltene, vom Aussterben bedrohte Gemüsesorte zu retten. Es gibt sehr viele Lokalsorten, die man in keinem Supermarkt und nicht mal auf dem Gemüsemarkt kaufen kann.

Voranzucht

Frostempfindliche Gemüsesorten müssen im Haus oder Gewächshaus vorgezogen werden. Säen Sie Tomaten, Kürbisse und Zucchini nicht zu zeitig aus. Wenn die Anzucht im warmen Haus erfolgen muss, sind die Lichtbedingungen im Februar oder März ohne zusätzliche Beleuchtung mit speziellen Pflanzenlampen mangelhaft. Die Sämlinge werden dann nur lang und dünn und haben keinen guten Start. Sie werden später viel schneller von Schädlingen und Schnecken befallen als gut gestärkte Jungpflanzen. Es gibt aber auch Gemüsekulturen, die bei uns nur reif werden können, wenn sie rechtzeitig im Jahr, d. h. bereits ab Januar/Februar, ausgesät werden. Dazu gehören Paprika, Chili, Physalis und Auberginen. Reservieren Sie für diese Pflanzen möglichst den hellsten Platz, den Sie zur Verfügung haben.

Paprika keimen gut im Zimmergewächshaus

Frostempfindliche Gemüsesorten, die normalerweise erst nach den Eisheiligen ausgesät werden sollen, profitieren besonders gut von der Voranzucht. Die Saatschalen können einfacher feucht gehalten werden als ein ganzes Saatbeet. Sogar Bohnen können, wenn das Aussaatgefäß groß und tief genug ist, vorgezogen werden. Die Keimrate liegt dann bei gutem Saatgut bei fast 100 Prozent. Ziehen Sie also am besten so viel wie möglich vor, was erst bei frostfreiem Wetter nach draußen darf.

Kaufen Sie unbedingt torffreie Aussaaterde, auch wenn sie oft teurer als torfhaltige ist. Sie leisten damit einen wertvollen Beitrag zum Umweltschutz. Der Abbau von Torf aus Hochmooren zerstört die Lebensräume vieler Pflanzen und Tiere. Durch Entwässerung der Feuchtgebiete entweicht CO_2 als

Bohnen, in Töpfen vorgezogen

klimaschädigendes Treibgas. Sie können sich natürlich auch eigene nährstoffarme Erde mischen, wenn Sie Komposterde zur Verfügung haben. Aussaaterde ist optimal zusammengesetzt, wenn zu je einem Drittel Sand, Gartenerde und Kompost vermischt werden. Als Gartenerde wäre ein Maulwurfshügel ideal, der bereits lockeres, unkrautfreies Substrat bietet. Zur besseren Wasserspeicherung kann Vermiculit, ein Tongranulat oder Lava-Substrat untergemischt werden.

Als Aussaatgefäß eignet sich nahezu alles, was im Haus an Verpackungsmaterial aus dem Supermarkt übrig ist. Bei größeren Jungpflanzenmengen lohnt sich die Anschaffung von Multitopfplatten in unterschiedlichen Größen, die Sie jedes Jahr wieder verwenden können. Damit fällt kein unnötiger Plastikmüll an. Der Vorteil ist, dass die Pflanzen von unten gewässert werden und sie gleich zum Wurzelwachstum in die Tiefe erzogen werden können. Das ist ein sehr wichtiger Aspekt im Hinblick auf die zunehmenden extremen Trockenperioden. Bei einigen Kulturen können Sie sich damit sogar das Pikieren ersparen und die Pflanzen werden beim Umtopfen weniger gestresst.

Upcycling für Aussaatgefäße

Härten Sie die Jungpflanzen vor dem Auspflanzen an ihren endgültigen Standort immer gut ab. Besonders wichtig ist das bei den wärmeliebenden Kulturen. Sie sollten etwa 14 Tage vorher tagsüber an einem halbschattigen Standort ohne Mittagssonne draußen gestanden haben. Durch die Windbewegungen werden die Pflanzen kräftiger. Im Zimmer oder Gewächshaus hilft es, täglich mit der Hand über die Pflanzen zu streichen. Sind die Pflanzen in die größeren Töpfe (9 x 9 cm) umgepflanzt, ist es ideal, sie in wasserfeste Schalen oder Kisten zu stellen, damit sie auch während der Abhärtungsphase weiterhin von unten gewässert werden können.

Tomaten dürfen zum Abhärten nach draußen

Direktsaat

Die Direktsaat ins Freiland ist in Zeiten des Klimawandels eine besondere Herausforderung. Am erfolgreichsten ist die Aussaat im zeitigen Frühjahr, wenn der Boden noch gut feucht ist. Dann klappt es auch mit Radieschen, Rettichen und Erbsen. Schwierig wird es mit den späteren Aussaaten der wärmeliebenden Kulturen wie den Gartenbohnen. Wenn es endlich draußen warm genug ist, kommt kein einziger Tropfen Regenwasser mehr an. Eine Möglichkeit ist dann, eine Tröpfchenbewässerung zu installieren, damit das Saatgut besser keimen kann. Oft ist aber gar kein Wasseranschluss am Beet vorhanden. Dann hilft nur, regelmäßig zu wässern und das Saatbeet mit einem Schutzvlies abzudecken. Dadurch hält der Boden die Feuchtigkeit viel länger und die Saaten keimen zuverlässiger.

Säkulturen wie Möhren und Pastinaken profitieren von einer möglichst zeitigen Aussaat, da man sie nicht vorziehen kann. Auch im Herbst gelingt die Aussaat von schnell wachsenden Herbstsalaten wie Feldsalat und Spinat recht gut. Wenn der Platz in den Beeten noch belegt ist, lassen sich Feldsalat und andere Salate gut vorziehen. Dabei ist vor allem die Aussaattemperatur zu beachten. Sie benötigen zum Keimen schon wieder kühlere Temperaturen. Man kann etwas nachhelfen, indem man die Samen oder die Aussaatschalen für 2–3 Tage in den Kühlschrank stellt.

Aufgrund der Tatsache, dass der Winter kürzer und das Frühjahr länger geworden ist, kann es sein, dass Sie früher oder später im Jahr säen und im Herbst länger ernten können. Erstellen Sie sich Ihren eigenen Gartenkalender, notieren Sie regelmäßig die lokalen Wetterdaten und Ihre Beobachtungen bezüglich des Wachstums Ihrer Gemüsepflanzen. Mit der Zeit finden Sie auf diese Weise den für Ihren Ort optimalen Zeitpunkt für die Aussaat und das Einpflanzen.

Anbau in Mischkultur

Je mehr Pflanzen einer Art zusammen auf einem Acker wachsen, umso leichter können sich Krankheiten und Schädlinge ausbreiten und die gesamte Ernte vernichten. Monokulturen sind in den wenigen Gemüseanbaugebieten, die EU-weit die Supermärkte versorgen, üblich. Die Folge ist der Einsatz von Insektiziden und Herbiziden, der zu einem großen Teil am Artensterben beteiligt ist.

Gertrude Franck (1905–1996), Pionierin des Biogarten-Anbaus, hat sich für traditionelle Anbauweisen von Gemüse in Mischkultur eingesetzt und ihre Erfahrungen in der Praxis und in Büchern und Vorträgen weitergegeben. Die negativen Folgen des landwirtschaftlichen Anbaus in Monokultur waren zu offensichtlich. Sie erkannte die Vorteile des Anbaus verschiedener Pflanzenarten nebeneinander: weniger Schädlinge und Krankheiten, verbesserte Bodenfruchtbarkeit und besseres Pflanzenwachstum. Das ein Hektar große Gartengelände auf der Oberlimpurg bei Schwäbisch Hall lieferte ausreichend Platz für ihre Mischkulturversuche. Ihre Erfahrungen werden heute besonders in der biologischen Landwirtschaft angewendet und sind wertvolle Grundlagen für einen erfolgreichen Gemüseanbau für den Hausgarten.

Der Grundgedanke der Mischkultur ist, dass in der Natur keine Monokulturen von allein wachsen – weder im Wald noch auf der Wiese. Die Pflanzen wachsen in verschiedenen Etagen und einige leben in einer Symbiose, in der ein Partner vom anderen profitiert. Symbiosen gibt es nicht nur zwischen Pflanzen, sondern auch zwischen Pflanzen und Insekten und anderen Tieren.

Bei der Mischkultur mit Gemüsepflanzen versucht man, unter Berücksichtigung der Fruchtfolge, die Sorten so zu kombinieren, dass sie sich gegenseitig in Bezug auf die Nährstoffversorgung oder den Platzbedarf begünstigen oder Schädlinge voneinander abhalten. Ein Klassiker ist die Mischkultur von Möhren und Zwiebeln, bei denen sich beide Partner gegenseitig durch Duftstoffe helfen und so seltener von der Möhren- und Zwiebelfliege befallen werden. Der Wurzelraum der Zwiebeln lässt ausreichend

Mischkultur-Klassiker mit Zwiebel und Möhre

Platz für die tiefwurzelnden Möhren übrig. Bewährt hat sich auch die Kombination aus Sellerie mit Kohlpflanzen, die Kohlweißlinge abhalten.

Im Klimawandel ist es zusätzlich von Vorteil, niedrig wachsende oder bodenbedeckende Gemüsesorten mit hohen Sorten zu kombinieren. So können hoch wachsende Gemüse, die viel Sonne vertragen, den sonnenempfindlicheren Schatten spenden und bodendeckende unter hoch wachsenden Kulturen dafür sorgen, dass der Boden nicht austrocknet.

Mischkultur-Klassiker Milpa-Beet

Das sogenannte Milpa-Beet ist ein traditionelles Anbausystem, das vor allem in Mittel- und Südamerika verbreitet ist. Es handelt sich um eine Mischkultur aus verschiedenen Nutzpflanzen, die auf einem Beet angebaut werden. Typischerweise besteht ein Milpa-Beet aus Mais, Bohnen und Kürbis, aber auch andere Pflanzen wie Tomaten, Chili oder Paprika können hinzugefügt werden.

Das Besondere an einem Milpa-Beet ist, dass die verschiedenen Pflanzenarten voneinander profitieren. Der Mais dient als Stützpflanze für die Bohnen, während die Bohnen Stickstoff im Boden binden und somit dessen Nährstoffgehalt erhöhen. Der Kürbis wiederum bedeckt den Boden und schützt ihn vor Austrocknung.
Durch diese Mischkultur entsteht ein ökologisch nachhaltiges Anbausystem, das den Boden fruchtbar hält. Zudem ermöglicht es eine effiziente Ausnutzung einer begrenzten Anbaufläche, indem verschiedene Etagen genutzt werden.

In Südamerika funktioniert die Kombination Mais, Bohnen und Kürbis problemlos. Der Mais hat schon eine ordentliche Höhe erreicht, bis eine Stangenbohne ihn «erobert». In Mitteleuropa stellt sich die Situation anders dar. Alle drei Kulturen sind nicht frostverträglich und dürfen frühestens ab Mitte Mai ins Freiland gepflanzt werden. Mais benötigt aber ordentlichen Vorsprung, damit die Bohne ihn nicht beizeiten einwickelt, sodass er gar nicht mehr groß werden kann. Pflanzt man die Bohnen später, hat längst der Kürbis seine langen Ranken ausgeworfen und den Bohnen fehlt das Licht, um nach oben zu wachsen.

Da die Mischkultur der «Drei Schwestern» eine sehr alte und bewährte Anbaumethode ist, lohnt es sich trotzdem, es einmal auszuprobieren:

Milpa-Beet mit Mais, Kürbis und Bohnen

- **Mais:** Ziehen Sie den Mais rechtzeitig im April vor, sodass er einen Vorsprung gegenüber den anderen beiden Kulturen hat. Pflanzen Sie ihn eventuell auf ein Hügelbeet, damit die Bohne ihn nicht sofort einwickelt und im Wachstum hemmt. Wählen Sie unbedingt samenfestes Saatgut aus Bioanbau.
- **Stangenbohne:** Ziehen Sie die Bohnen in kleinen Töpfchen vor und pflanzen Sie diese etwas später um den Mais herum. Im Hügelbeet etwas tiefer pflanzen. Geben Sie den Bohnen ein separates Klettergerüst, an dem sie winden können, oder verwenden Sie eine schnell wachsende und nicht so hoch werdende (bis 150 cm) Reiserbohne wie die Sorte 'Mbombo', eine aus Afrika stammende Stangenbohne.
- **Kürbis:** Den Kürbis ziehen Sie vor und pflanzen ihn dann am Fuß des Hügelbeets oder im Beet zwischen die Maispflanzen. Am besten nicht zu viele Kürbisse pflanzen und mit großem Abstand.

Eine weitere Möglichkeit ist, nur zwei der Mischkulturpartner zu kombinieren, z. B. Stangenbohnen nur mit Kürbisgewächsen oder Mais nur mit Buschbohnen.

Mischkulturbeet mit Mais und Zucchini

Mischkulturbeet mit Tomaten und Kohl

Um Gemüse in Mischkultur anzubauen, gibt es jedoch noch andere Möglichkeiten als das «klassische» Gemüsebeet. Anbauformen wie Schlüssellochbeet, Kraterbeet oder Kräuterspirale sehen nicht nur schön aus, sondern sind auch eine gute Option für all jene, die im Garten nur über wenig Platz verfügen.

Mischkultur im Schlüssellochbeet

Ein Schlüssellochbeet (Keyhole-Beet) ist ein Hochbeet, das meistens in runder Form mit einer Aussparung an einer Seite angelegt wird, um leichter an alle Beetbereiche heranzukommen. Der Begriff «Schlüsselloch» leitet sich vom Grundriss der Beetform ab, die von oben betrachtet mit der runden Mitte und der seitlichen Aussparung einem Schlüsselloch ähnelt. In der Mitte befindet sich ein offener Korb, in dem organische Abfälle gesammelt werden können, damit die Nährstoffe direkt wieder in das Beet zurückgeführt werden können. Regenwürmer und andere Bodenlebewesen produzieren direkt vor Ort kontinuierlich Humus. Die Umrandung des Beetes kann aus Recycling-Materialien in beliebiger Höhe gebaut werden. Gut geeignet sind alte Ziegelsteine oder Dachziegel. Auch ein traditionelles eckiges Hochbeet aus Holz kann man in U-Form wie ein Schlüssellochbeet anlegen.

Schlüssellochbeet

Mischkultur und Schutz im Kraterbeet

Eine weitere Möglichkeit ist, Gemüsebeete kreisförmig als Kraterbeete anzulegen. Diese Anbauform finden wir vor allem in Gegenden, in denen es häufiger schwierige Wetterbedingungen gibt. Weltweit sind an verschiedenen Orten unterschiedlich große Kraterbeete entstanden, die den Gemüsepflanzen einen besonderen Schutz vor Kälte oder Wind geben.

Das Kraterbeet kann in unterschiedliche Zonen eingeteilt werden, bei dem jede Zone andere klimatische Anbaubedingungen bietet und damit unterschiedlichen Ansprüchen der Gemüsepflanzen gerecht wird. Der Durchmesser des Kraterbeets kann beliebig gewählt werden. Bewährt haben sich Größen zwischen 1 und 3 m im Durchmesser und eine Vertiefung von 15 bis 20 cm in der Mitte.

Innerhalb eines Kraterbeetes kann das Gemüse in Mischkultur angepflanzt werden. Im inneren, abgesenkten Teil können wärmeliebende Gemüsearten wie Paprika, Chili, Auberginen oder Tomatillos windgeschützt wachsen. Durch den Erdaushub in der Mitte erhält man am äußeren Rand einen erhöhten Erdwall, der wie ein Hügelbeet bepflanzt werden kann. Die hohen Pflanzen werden als Windschutz auf den Erdwall in den Westen gepflanzt. Trockene, sonnige Standorte im oberen Bereich eignen sich gut für mediterrane Kräuter, während sich in der tiefergelegten Mitte feuchtigkeitsliebende Pflanzen wohlfühlen.

Flache Steine, die im Beet als Trittsteine dienen, können gleichzeitig zur Wärmespeicherung beitragen. Die tiefste Stelle eignet sich gut für einen kleinen Korb, der als Komposthaufen dient, um an Ort und Stelle Nährstoffe in den Boden zurückzuführen, ähnlich wie in einem Schlüssellochbeet. Ein kleiner Drahtkorb ist dafür ausreichend.

Beispiel eines Kraterbeetes mit 3 m Durchmesser:
Außenring (Erdwall): 10 Maispflanzen (Westen, Nordwesten), 2 Süßkartoffeln, 1 Yakon.
Mitte: 2 Auberginen, 2 Tomatillos, 3 Paprika, 1 Chili, 2 Basilikum.
Innen: 2 Tomaten, 1 Zuckermelone

Kraterbeet mit Tomatillos, Mais und Kürbis

Die Kräuterspirale für mediterrane Kräuter

Ähnlich wie das Kraterbeet für Gemüse bietet die Kräuterspirale einen guten Schutz für wärmeliebende Kräuter, da die Steine die Sonnenwärme speichern und nachts wieder abgeben. Wenn Sie sich für diese Anbauform entscheiden, verwenden Sie möglichst Natursteine aus Ihrer Region. Es eignen sich aber auch Ziegelsteine oder ähnliches Baumaterial. Vielleicht kennen Sie sogar eine Baustoff-Recycling-Firma in ihrer Nähe. Die aufgeschichteten Steine locken häufig Eidechsen in den Garten und auch Schmetterlinge nutzen sie gerne als Sonnenbank.

So legen Sie eine Kräuterspirale an:

1. **Standort:** Wählen Sie einen sonnigen Standort ohne beschattende Bäume oder Sträucher in der Nähe, da die meisten Kräuter viel Sonnenlicht benötigen.
2. **Steine aufschichten:** Nehmen Sie eventuell einen Wasserschlauch zur Hilfe, um die gewünschte Spiralform anzulegen.
3. **Drainageschicht:** Legen Sie eine Schicht aus Kies oder grobem Sand auf den Boden der Kräuterspirale, um eine gute Drainage zu gewährleisten.
4. **Erde einfüllen:** Füllen Sie lehmig-sandige Erde auf, im oberen Bereich mit hohem Sandanteil.
5. **Pflanzen:** Wählen Sie Kräuter aus, die wärmeliebend und mehrjährig sind. Rosmarin, Thymian, griechischer Bergtee und Lavendel wachsen ideal auf den sonnigsten, oberen Plätzen. Im unteren Bereich fühlen sich etwa Schnittlauch, Schnittknoblauch oder Etagenzwiebeln wohl.

Kräuterspirale mit mediterranen Kräutern

Gesundes Gemüse aus dem Naturgarten

Der größte Vorteil des eigenen Gemüsegartens ist die Chance, alles biologisch und ohne Chemie anbauen zu können. Leider stehen die Regale in den Gartencentern immer noch voll mit unzähligen Insektiziden und Fungiziden gegen Schädlinge und Krankheiten. Für das Einheitsgrün des englischen Rasens gibt es Rasendünger mit Unkrautvernichtungsmitteln. Gegen Blattläuse gibt es Pflanzenschutzmittel, die – obwohl sie nicht bienengefährlich sein sollen – alle möglichen kleinen Insekten vernichten, und gegen Nacktschnecken gibt es Schneckenkorn mit Eisen-III-Phosphat, das zwar dem Igel nicht schadet, aber sonst alle Schnecken im Garten beseitigt, auch die Gehäuseschnecken.

Im Hausgarten sollten Sie daher am besten auf all diese Mittel verzichten. Der bessere Ansatz ist, die Pflanzen so zu stärken, dass sie gar nicht erst von Schädlingen befallen werden. Wenn es trotz vorbeugender Maßnahmen nicht verhindert werden konnte, dann sind Nützlinge gefragt, die man gezielt fördern kann. Unsere Gartenvögel etwa ernähren sich und ihre Jungen von Raupen, Blattläusen, Schildläusen und Wanzen. Ein Meisenpaar benötigt in einem Jahr ungefähr 35–75 kg Insekten. Werden sie mit Schädlingsbekämpfungsmitteln beseitigt, fehlt den Vögeln diese Nahrungsquelle.
Allerdings gibt es durch die milderen Wintertemperaturen auch neu eingewanderte Schädlinge, die nicht immer einen Gegenspieler im Ökosystem haben.

Insekten und andere Nützlinge fördern

Ein naturnaher Garten sollte insekten- und tierfreundlich angelegt werden, damit so viele Nützlinge wie möglich als biologischer Pflanzenschutz vor Ort sind. Seien Sie geduldig, wenn Sie plötzlich Blattläuse an Ihren Pflanzen entdecken. Oft dauert es nur wenige Tage, bis die Schutztruppe der Marienkäfer sich auf den Weg macht. Es ist wirklich faszinierend zu beobachten, wie schnell sie sich vermehren können und es plötzlich voller Marienkäferlarven wimmelt. Das Gemüse erholt sich meistens schnell von einem Schädlingsbefall. Wichtig ist, dass die Nützlinge gute Bedingungen in Ihrem Garten finden, um sich dort dauerhaft anzusiedeln.

Folgende Naturgartenelemente sind besonders gut geeignet:

- Bäume, Sträucher, Wildobsthecken
- Einheimische Stauden und Blumen
- Komposthaufen
- Totholz
- Steinhaufen, Kräuterspirale
- Wasserbiotop (ohne Fische)
- Sandarium (Nistplatz für bodennistende Wildbienen)
- Insektennisthilfen und -tränken
- Vogelnistkästen und -bäder
- Wilde Ecken ohne Bodenbearbeitung

Junge Blaumeisen bei der Fütterung

Marienkäfer sind nützliche Läusevernichter.

Auch die vielfältige Auswahl der Gemüse, Kräuter und Obststräucher, die wir anbauen, kann einen Beitrag leisten. Zudem ist es wichtig, den Garten nach Möglichkeit nicht zu sehr aufzuräumen, insbesondere im Herbst. Warten Sie damit besser bis zum Frühjahr. Dadurch geben Sie den Nützlingen die Möglichkeit, in Ihrem Garten zu überwintern. Käfer und andere Insekten lieben Herbstlaub, das auf dem Boden liegen bleiben darf. Und auch der Igel weiß Laubhaufen zu schätzen.

Igel verstecken sich gerne unter Stauden und Büschen.

Viele Nisthilfen oder Tierbehausungen können Sie selber bauen. Dies lohnt sich nicht zuletzt deshalb, weil die im Handel gekauften Modelle oft nur wenig taugen. So ist etwa das Angebot an Wildbienen-Nisthilfen, den sogenannten Insektenhotels, riesig, aber meistens für die Ansiedelung von unterschiedlichen Wildbienenarten nicht geeignet, da sie Stroh, Holzwolle, Zapfen, minderwertiges Nadelholz mit unsachgemäß gebohrten Löchern oder Hohlziegel mit viel zu riesigen Löchern (Durchmesser > 10 mm) enthalten. Das sieht zwar dekorativ aus, nützt aber meistens nur Ohrwürmern oder Spinnen, deren Ansiedlung sich in einer Wildbienen-Nisthilfe eher negativ auswirkt.

Gut geeignete Materialien sind hingegen abgelagertes Hartholz, gebrannte, unglasierte Tonziegel mit unterschiedlich großen Löchern (2,5–10 mm), Strangfalzziegel, Bambusröhrchen in einer Dose (hinten verschlossen) und Naturstrohhalme.

Gemüse trotz Schneckenplage – ohne Gift

Nacktschnecken haben leider kaum natürliche Feinde und können in manchen Jahren eine echte Plage werden. Je kürzer die Winter werden, umso länger können auch die Schnecken überleben und weiter fressen.

Sollten Sie ein Problem mit größeren Schnecken-Populationen haben, dann müssen Sie besonders die Jungpflanzen gut schützen und regelmäßig am Abend kontrollieren. Feuchte Bretter in der Nähe helfen sehr gut zum regelmäßigen Absammeln, da sich die Schnecken dort tagsüber verstecken. Mechanischer Schneckenschutz in Form von Schneckenkragen oder -zäunen ist sehr wirksam. Hochbeete schützen dagegen überhaupt nicht. Da man sie oft mit Kompost aus dem eigenen Garten befüllt, holt man sich die Schneckeneier gleich am Anfang mit rein. Sind die Schnecken einmal geschlüpft, sind sie gleich an ihrem Lieblingsort.

Eine gute Nisthilfe für Wildbienen sollte folgende Kriterien erfüllen:

- Hartholz (möglichst abgelagert, 1–2 Jahre alt) verwenden, da Nadelholz beim Bohren splittert.
- Hochwertige extralange, gehärtete Bohrer (Durchmesser 2–9 mm) verwenden.
- Nicht ins Stirnholz (parallel zur Faser) bohren, da es bei Trocknung zu Spannungsrissen kommt und Parasiten leichter eindringen können.
- Unterschiedlich große Bohrungen von 2,5–10 mm anlegen, damit sich verschiedenen Wildbienenarten ansiedeln können, auf der Rückseite nicht durchbohren (muss verschlossen bleiben).

Mit einigen zusätzlichen Maßnahmen können Sie das Risiko von Schneckenfraß etwas minimieren:

- **Gießverhalten:** Nacktschnecken bevorzugen feuchte Umgebungen und sind nachts und in der Dämmerung sehr aktiv. Gießen Sie daher nach Möglichkeit nicht täglich und bevorzugt in den Morgenstunden.
- **Miscanthusmulch:** Besonders gefährdete Gemüsekulturen können Sie mit gehäckseltem Miscanthus mulchen, da die Schnecken die trockenen und scharfkantigen Häcksel meiden.
- **Tierische Helfer:** Die einzigen bekannten Tiere, die Schnecken bedenkenlos fressen, sind Laufenten.

Nacktschnecke an Zucchiniblüte

Laufenten fressen Nacktschnecken.

Unter Holzbrettern kann man Schnecken gut absammeln.

Vorbeugender Schutz vor unliebsamen Besuchern

Gemüsepflanzen werden gerne von den unterschiedlichsten Insekten wie z. B. von der Möhren- oder Zwiebelfliege, Blattläusen oder Kohlweißlingen befallen. Eine wirksame mechanische Barriere sind Gemüseschutznetze mit einer Maschenweite von 0,8 x 0,8 mm.

Ein Gemüseschutznetz schützt aber auch vor anderen unliebsamen Besuchern wie Vögeln oder Nagetieren. Es verhindert, dass diese Tiere das Gemüse oder das Saatgut fressen oder beschädigen. Das Netz kann gleichzeitig auch vor starkem Wind oder Hagel schützen und die Pflanzen vor größeren Schäden bewahren.

Das Gemüseschutznetz kann flach über den Jungpflanzen ausgebreitet werden, wenn es an den Rändern gut befestigt wird. Dafür eignen sich mit Sand gefüllte Säckchen, große Steine oder dicke Äste. Ideal ist die dauerhafte Installation über einem Tunnelsystem aus biegsamen Federstahlstäben oder ähnlichen biegsamen Materialien. Sie müssen gut in der Erde verankert sein, damit der Tunnel am Ende nicht wegfliegt. Das Netz hat den Vorteil, dass das Wasser ungehindert durchlaufen kann, und es spendet leichten Schatten auf den Kulturen.

Bei längerer trockener und warmer Witterung können Erdflöhe eine große Plage sein. Dann fühlen sie sich besonders wohl und befallen vor allem die Jungpflanzen von Kreuzblütlern und Nachtschattengewächsen mit dünnem Gewebe. Ein Schutznetz von oben nützt nichts, da die Flöhe im Boden überleben. Vorbeugend hilft, die Kulturen dieser beiden Pflanzenfamilien jedes Jahr auf einem anderen Beet anzubauen. Der Boden sollte unbedingt gut feucht gehalten und gemulcht werden. Sind doch Flöhe auf den Jungpflanzen zu sehen, was man oft erst an heftig durchlöcherten Blättern erkennt, dann hilft es, die Blätter mit verdünnter Pflanzenjauche zu gießen, täglich zu hacken und die Pflanzen zu schütteln, damit sie in ihrer Aktivität gestört werden. Die Blätter können zusätzlich mit Gesteinsmehl bestäubt werden.

Insektenschutznetze helfen gegen Kohl-Schädlinge.

Hühner im Naturgarten – auch im Gemüsegarten ein Gewinn

Wenn Sie den Platz dafür haben, wären ein paar frei laufende Hühner eine wunderbare Bereicherung im Garten. Als natürliche Insektenvernichter können sie helfen, Schädlinge im Garten zu reduzieren. Hühner fressen auch Unkrautsamen und halten so das Unkrautwachstum unter Kontrolle, wenn sie nicht nur im Stall leben müssen. Besonders im Frühjahr, wenn die Beete noch nicht bepflanzt sind, können die Hühner den Gemüseacker durchpicken. Während Nacktschnecken auch von Hühnern gemieden werden, picken sie gerne die Eier der Schnecken weg.

Sie lockern den Boden auf natürliche Weise auf, wenn sie nach Insekten und Würmern graben. Dies hilft, die Bodenstruktur zu verbessern und die Durchlässigkeit zu erhöhen.

Hühnermist ist ein ausgezeichneter Dünger für den Garten. Er ist reich an Stickstoff, Phosphor und Kalium, was das Pflanzenwachstum fördert und die Bodenfruchtbarkeit verbessert.

Hühner verwerten außerdem sämtliche Küchenabfälle und fressen sogar schädlingsbefallene Pflanzenteile.

Seidenhuhn, Marans und Bielefelder Kennhuhn

Einige Begriffserläuterungen vorab

Einjährige Gemüsepflanzen, die jedes Jahr neu ausgesät werden müssen. Aus den Blüten entwickeln sich bei Fruchtgemüse im selben Jahr die Früchte. Saatgut zur Vermehrung wird in den reifen Früchten gebildet. Einjährige Gemüsepflanzen besitzen keine Überdauerungsorgane wie Knollen oder Rhizome und sterben nach der Samenbildung ab. Sie können nur über Saatgut erhalten werden, das erst wieder keimt, sobald die klimatischen Bedingungen dafür günstig sind.

Zweijährige Gemüsepflanzen, die von der Keimung bis zur Samenbildung zwei Vegetationsperioden benötigen. Sie kommen erst nach einem Kältereiz zur Blüte. Unter bestimmten Bedingungen (hohe Temperaturen, zeitige Aussaat) können zweijährige Pflanzen schon im ersten Jahr blühen.

Mehrjährige/Ausdauernde Gemüsepflanzen, die nur einmal gesät werden müssen und nach der Ernte wieder austreiben. Sie bilden Überdauerungsorgane wie Rhizome, Tochter-Knollen oder Verzweigungen. Die Vermehrung dieser Pflanzen erfolgt meistens über Stecklinge oder Teilung. Die Knollen der mehrjährigen Pflanzen sind oft nicht winterhart und müssen nach dem Ausgraben frostfrei überwintert werden. Eine Ausnahme bilden Gemüsepflanzen wie Auberginen und Chili, die in ihrer Heimat mehrjährig wachsen, aber nicht frosthart sind und daher bei uns meist nur einjährig kultiviert werden.

Winterhart Die Winterhärte einer Gemüsepflanze hängt von verschiedenen Faktoren wie Temperatur, Bodenart, Wasserversorgung, Luftfeuchtigkeit und Sonneneinstrahlung ab und ist daher nicht genau definiert. In der Regel bezeichnet man ein Gemüse als winterhart, wenn es den mitteleuropäischen Winter problemlos im Freien übersteht.

Schwach-, Mittel- und Starkzehrer Gemüsepflanzen werden nach ihrem Nährstoffbedarf, der zur Entwicklung der Fruchtreife benötigt wird, in Schwach-, Mittel, und Starkzehrer unterschieden. Starkzehrer sind Pflanzen, die besonders schnell und viel Blattmasse bilden und einen hohen Stickstoffbedarf haben. Aus dem Wissen um den Nährstoffbedarf ergeben sich die Anforderungen an den Boden und die Düngung, die besonders bei Starkzehrern im ausreichenden Maß über die gesamte Wachstumsperiode hinweg erfolgen muss. Jährliche Anbaupläne ergeben sich aus der Fruchtfolge. Beete sollten in der Reihenfolge Stark-, Mittel- und Schwachzehrer genutzt werden, damit die Folgekultur jeweils genügend Nährstoffe zur Verfügung hat.

Licht- und Dunkelkeimer Lichtkeimer sind Pflanzen, deren Samen zur optimalen Keimung zusätzlich zu den üblichen Bedingungen (Wasser, Wärme und Sauerstoff) wenig bis gar nicht mit Erde bedeckt sein dürfen. Die Keimung wird durch Licht begünstigt. Die Pflanzen bilden meist sehr kleine Samen aus. Dunkelkeimer sind Pflanzen, deren Samen zur optimalen Keimung zusätzlich zu den üblichen Bedingungen (Wasser, Wärme und Sauerstoff) absolute Dunkelheit benötigen. Die Samen sollten mindestens so viel mit Erde bedeckt werden, wie sie dick sind.

Hybridsaatgut Aus der Kreuzung von zwei verschiedenen Pflanzen mit unterschiedlichen genetischen Eigenschaften entstanden. Die Nachkommen (F1-Generation) der Kreuzung werden F1-Hybriden genannt. Sie sind leistungsfähiger und widerstandsfähiger als ihre Eltern. Die Folge ist, dass Hybrid-Gemüse immer gleich aussehende Früchte bildet. Das Saatgut ist nicht samenfest. Würde man das Saatgut dieser Früchte aussäen, würde eine große Bandbreite an unterschiedlichen Nachkommen entstehen (F2-Generation). Auf den Samentüten muss Hybridsaatgut mit dem Vermerk F1 gekennzeichnet werden.

Samenfestes Saatgut Pflanzen, die mit stabilem Sortenbild weiter vermehrt werden können. Die Nachkommen zeigen ähnliche bis gleiche Eigenschaften und die gleiche äußere Gestalt wie die Mutterpflanze. Sie sind in der Lage, selbstfruchtbare Samen zu bilden. Man unterscheidet in selbstbestäubende Arten und samenfeste Fremdbestäuber, die händisch bestäubt werden müssen, um sortenrein zu bleiben.

Selbstbestäubung Ein Teil der Gemüsepflanzen besitzt Zwitterblüten mit männlichen und weiblichen Geschlechtsorganen in einer Blüte. Bei manchen Zwitterblüten findet der Pollentransfer

im Inneren der Blüte statt. Die männlichen Organe setzen den Pollen frei, sobald die weiblichen Organe zur Befruchtung bereit sind. Dazu gehören Bohnen, Salat, Auberginen und Tomaten. Unter bestimmten Umweltbedingungen und bei vielen vorhandenen Insekten kann Selbstbestäubung auch zu Fremdbestäubung werden.

Fremdbestäubung Diese Bestäubungsart erfolgt mithilfe von Insekten oder Wind auf unterschiedliche Weise. Es gibt Pflanzenarten mit Zwitterblüten, bei denen der Pollen einer Blüte nur den Stempel einer anderen Blüte befruchten kann. In manchen Fällen muss sich die Blüte auf einer anderen Pflanze befinden wie bei Physalis oder Tomatillo. Diese Pflanzen sind selbstunfruchtbar (selbststeril). Die an einer Pflanze gebildete Blüten können sich nicht selbst bestäuben, sondern brauchen eine zweite Pflanze. Es existieren auch Pflanzen mit getrennt geschlechtlichen Blüten auf derselben Pflanze, wie bei Gurken, Mais oder Kürbisgewächsen.

Die Voreiligen und Unerschrockenen – frosttolerante Gemüsesorten

Hohe Temperaturen, ausgetrocknete Böden und extreme Sonneneinstrahlung sind besondere Herausforderungen, mit denen wir vor allem im Sommer zu kämpfen haben. Dafür bleibt das Wetter im Herbst und Frühjahr längere Zeit mild, überwiegend frostfrei und es regnet häufiger. Wenn sogar der Schnee im Winter ausbleibt, können wir mit den richtigen Gemüsesorten fast das ganze Jahr über ernten.

Es gibt einige Gemüsesorten, die man bereits sehr früh im Jahr anbauen muss, damit sie zur Reife kommen. Diese Sorten profitieren von der noch vorhandenen Bodenfeuchte und den geringeren Temperaturen im Frühjahr. Die frosttoleranten Herbst- und Wintergemüse wachsen fast ohne Pflege, denn sie haben bereits ein gutes Wurzelsystem ausgebildet und vertragen auch mal trockenere Phasen. Die zweijährigen, überwinternden Gemüse aus diesem Kapitel können zu attraktiven Dauerbrennern im Gemüsegarten werden, wenn sie blühen und sich selbst aussäen dürfen.

Steckbrief Kältetolerante Blattgemüsepflanzen, frostverträglich bis −10 °C, die im Freiland überwinternd kultiviert werden. Blätter unterschiedlich geformt, wachsen locker oder als Rosetten, bilden keine Köpfe. Nutzung als Pflücksalate.

Weitere bekannte Namen Oriental Greens, Japanese Greens, Baby Greens.

Herkunft Die Asiasalate kommen aus dem asiatischen Raum und sind vor allem in Südostasien und China beliebt. Inzwischen haben sie aber auch den Weg in europäische Gärten gefunden.

Standort & Boden Schwach- bis Mittelzehrer. Frischer, humoser, lockerer, sandig-lehmiger Boden. Sonniger bis halbschattiger Standort. Ideal als Nachkultur im Herbst. Gut geeignet für überdachten Anbau, Hochbeete, unbeheizte Frühbeete, Balkonkästen und Kübel.

Wasserbedarf Gleichmäßige Wasserversorgung.

Aussaat Ab September an einem kühlen Standort bei 10–16 °C in Aussaattöpfe oder Multitopfplatten, Saattiefe 0,5–1 cm.

Auspflanzen Jungpflanzen ab September/Oktober ins Beet pflanzen, etwas höher setzen. Pflanzabstand sortenabhängig ca. 10–15 cm.

Pflege Pflegeleicht. Bei längerer Trockenheit gießen, damit die Pflanzen nicht vorzeitig schießen. Bei Frost mit Vlies abdecken. Boden mit Stroh oder trockenen Materialien mulchen, um Fäulnis zu verhindern.

Blüte Ab März erscheinen die für Kohlgewächse typischen gelben Blüten.

Ernte Die Blätter werden wie Pflücksalate fortlaufend von außen nach innen geerntet und wachsen von der Mitte her nach.

Vermehrung Über Samen.

Mischkultur-Partner Nicht zu anderen Kohlgewächsen pflanzen, die noch auf den Beeten überwintern, besser neben Pflücksalate oder Spinat.

Empfehlenswerte Arten und Sorten
Blattsenf (*Brassica juncea* var. *rugosa*): **'Purple Frills'** (violett gefärbt), **'Rouge Métis'** (rote Färbung, mild), **'Green in Snow'** (scharfer, senfartiger Geschmack).
Mizuna (*Brassica rapa* var. *japonica*): Grün, sehr kältetolerant, mildwürziger Geschmack.
Tatsoi (*Brassica rapa* subsp. *narinosa*): Rosetten bildend, mild-aromatisch.
Pak Choi (*Brassica rapa* subsp. *chinensis*): Lange Blattstängel, aufrecht wachsend, milder Geschmack.

Verwendung Die jungen Blätter können für Salate verwendet werden, ältere sind bestens zum Kochen einsetzbar, sei es als Suppeneinlage, gedünstet oder in Wokgerichten.

Blattsenf 'Rouge Metis'

Blattsenf 'Green in Snow'

Mizuna

Asiasalate

Brassica juncea, B. rapa

Familie: Kreuzblütler (Brassicaceae)

Zweijährig

Dicke Bohne

Vicia faba var. *major*

Familie: Hülsenfrüchtler (Fabaceae)

Einjährig, kältetolerant

Steckbrief Einjährige krautige Pflanze. Vierkantige hohle Stängel, Wuchshöhe bis 1,5 m. Gefiederte Blätter mit 2–3 Paaren Fiederblättchen. Bis 1 m tiefe Pfahlwurzel. Grüne Bohnenhülsen ca. 10–20 cm lang, Samen je nach Sorte unterschiedlich gefärbt. Kältetolerant bis -5 °C.

Weitere bekannte Namen Pferdebohne, Saubohne, Puffbohne, Ackerbohne.

Herkunft Die ursprünglich als Kulturform angebaute Ackerbohne *(Vicia faba)* stammt von einer unbekannten Wildform ab. Bereits im Mittelalter kultivierte man überall eine großsamige Variante, die Dicke Bohne. Ab dem 17. Jh. wurde diese jedoch von der aus Amerika eingeführten Gartenbohne verdrängt, die einer anderen Gattung *(Phaseolus)* angehört. Heute wird die Dicke Bohne im Hausgarten immer beliebter, da sie unkompliziert wächst.

Standort & Boden Schwachzehrer. Normaler Gartenboden, auch schwerer, kalkhaltiger Boden. Sonniger bis halbschattiger Standort. Anbau im Hochbeet möglich. Bodenverbesserer.

Wasserbedarf Während Blüte und Fruchtansatz nicht austrocknen lassen.

Aussaat Vorziehen ist sehr zeitig im Jahr empfehlenswert, um einem Befall der Pflanzen mit der Schwarzen Bohnenblattlaus *(Aphis fablae)* vorzubeugen. Ab Mitte/Ende Februar bis Anfang März Samen einzeln 5 cm tief in große Anzuchttöpfe geben, bis zur Keimung kalt, aber frostfrei stellen; Kältereiz ist erforderlich. Direktsaat ins Beet ist ab Mitte März möglich, muss aber gut vor Vögeln geschützt werden. Am besten mit Vlies abdecken.

Auspflanzen Ab Anfang April vorgezogene Jungpflanzen auspflanzen, Pflanzabstand ca. 10 cm in der Reihe, 50–60 cm Reihenabstand, etwas tiefer setzen. Böden dürfen nicht frisch gedüngt sein.

Pflege Boden von Unkraut freihalten, mulchen oder hacken. Bohnenpflanzen anhäufeln, um die Standfestigkeit zu erhöhen. Kein Dünger erforderlich, da Hülsenfrüchtler ihren Nährstoffbedarf mithilfe stickstofffixierender Knöllchenbakterien decken.

Blüte Große, duftende Schmetterlingsblüten von Juni bis Juli in den Blattachseln, Kronblätter meist weiß mit schwarzen Flecken. Sowohl Selbst- als auch Fremdbestäubung.

Ernte Hülsen ernten, solange sie noch grün und fest sind und sobald dicke Ausbuchtungen zu erkennen sind (Milchreife). Die Bohnenkerne frisch verwenden oder einfrieren.

Vermehrung Über Samen aus ausgereiften, trockenen Hülsen.

Mischkultur-Partner Kohlrabi, Rettich, Radieschen, Salat, Möhren.

Empfehlenswerte Sorten
'Hangdown': Grünkernige, mittelspäte und robuste Sorte.
'Aquadulce': Mittelfrühe, starkwachsende Sorte mit langen, grünen Hülsen mit je 7–9 Samen.

Verwendung Bei den Dicken Bohnen werden nur die Bohnenkerne verwendet und gekocht. Vor allem in der vegetarischen und veganen Küche gibt man sie gerne in Salate, Suppen oder Bowls.

Blüte

Kerne

Feldsalat

Valerianella locusta

Familie: Geißblattgewächse (Caprifoliaceae)

Einjährig, überwinternd

Steckbrief Einheimische einjährige Blattgemüsepflanze, überwinternd, winterhart bis –15 °C. Bildet flache bis aufrecht wachsende Blattrosetten mit grünen, länglich ovalen Blättern von ca.10 cm Länge.

Weitere bekannte Namen Rapunzel, Ackersalat, Vogerlsalat, Nüsslisalat.

Herkunft Die ältesten Vorkommen von Feldsalat in seiner Wildform gehen bis in die Jungsteinzeit zurück. Bereits im Mittelalter wurde er gerne wild gesammelt. Angebaut wird er erst seit Anfang des 20. Jh.

Standort & Boden Schwachzehrer. Humoser, lockerer, sandig-lehmiger Boden. Sonniger bis halbschattiger Standort. Ideal als Nachkultur in abgeernteten Beeten, Hochbeeten, kann aber auch in Kübeln und Balkonkästen kultiviert werden.

Wasserbedarf Nur bei langer Trockenheit zusätzlich mit Wasser versorgen.

Aussaat Vorkultur von August bis Mitte September, wenn die Beete noch nicht frei sind; je 4–5 Samen 0,5 cm tief in kleine Anzuchttöpfe oder Multitopfplatten säen. Direktsaat ab August/September in Reihe oder breitwürfig (nur bei sehr unkrautfreiem Beet empfohlen), Keimtemperatur optimal bei 10–15 °C.

Auspflanzen Jungpflanzen in kleinen Tuffs ab September/Oktober ins Beet pflanzen, nicht zu tief setzen, Pflanzabstand ca. 10 x 10 cm. Wachstum wird unter 5 °C eingestellt.

Pflege Zu dicht gesäte Keimlinge entfernen. Im Herbst meist sehr pflegeleicht, da keine Düngung erforderlich ist. Bei Schnee oder Frost mit Vlies abdecken. Rechtzeitig von Unkraut frei halten.

Blüte Zwittrige Blüten in kleinen Knäueln am Ende der verzweigten Blütenstängel. Einzelblüten rosa oder hellblau.

Ernte Nur an frostfreien Tagen den Feldsalat an der Basis mit der Schere abschneiden. Wie jeder Salat nimmt auch Feldsalat viel Nitrat aus dem Boden auf und speichert es nachts und an trüben Tagen. Daher am besten an einem sonnigen Tag, nachmittags oder abends ernten.

Vermehrung Erhält sich meist ungewollt durch Selbstaussaat. Saatgutgewinnung im Frühjahr des 2. Jahrs nach der Blüte.

Mischkultur-Partner Feldsalat kann neben Wintergemüsen wie Lauch, Frühlingszwiebeln, Rosenkohl und Grünkohl gepflanzt oder gesät werden. Auch als Unterpflanzung geeignet.

Empfehlenswerte Sorten
'Vit': Wächst schnell und kompakt, hoher Ertrag.
'Elan': Schnellwachsend und bewährt, glänzende dunkelgrüne Blätter.
'Verte de Cambrai': Spät schießend, lange beerntbar.

Verwendung Feldsalat ist ein sehr vitaminreicher Wintersalat. Er kann allein zubereitet werden, passt aber in die unterschiedlichsten Salatvarianten.

Steckbrief Zweijähriges, winterhartes Blattgemüse, das einjährig-überwinternd kultiviert wird. Wuchshöhe je nach Sorte bis zu 1,80 m, Blätter stark gekräuselt, 40–60 cm lang, meist dunkelgrün, aber auch rötlich oder violett, bogenförmig gewölbt.

Weitere bekannte Namen Braunkohl, Federkohl, Krauskohl, Winterkohl, Blätterkohl.

Herkunft Grünkohl stammt vom wild vorkommenden Gemüsekohl *(Brassica oleracea)* ab, der ursprünglich an den Küstenregionen des Mittelmeers und in Kleinasien wuchs. Er breitete sich über Europa und Asien aus und gelangte später auch nach Amerika. Heute wird er überwiegend in Norddeutschland, Skandinavien, den Niederlanden und England angebaut.

Standort & Boden Starkzehrer. Liebt nährstoffreiche, kalkhaltige, mittelschwere bis schwere humusreiche Böden. Geeigneter Standort volle Sonne bis Halbschatten.

Wasserbedarf Boden gut feucht halten, v. a. die Jungpflanzen regelmäßig gießen.

Aussaat Voranzucht von Mai bis Anfang Juni: 2–3 Samen 1 cm tief in kleine Aussaattöpfe oder Multitopfplatten säen. Auf den kräftigsten Sämling vereinzeln.

Auspflanzen Jungpflanzen ab 4 Blättern dürfen ins Freiland gepflanzt werden. Pflanzabstand je nach Sorte ca. 50 x 50 cm. Etwas Kompost und organischen Dünger ins Pflanzloch geben.

Pflege Hoher Nährstoffbedarf, regelmäßig organisch düngen, Boden gut mulchen. Bis zum Spätsommer am besten mit einem engmaschigen Kulturschutznetz abdecken.

Blüte Im 2. Jahr erscheinen im Frühjahr kleine, gelbe Blüten.

Ernte In der Regel wird Grünkohl frühestens nach dem ersten Frost geerntet, da sich die enthaltenen Bitterstoffe dadurch reduzieren. Kühlere Temperaturen über einen längeren Zeitraum lassen den Geschmack des Grünkohls milder werden. Mittlere und obere Blätter können ab Oktober geerntet werden. Davor können ältere Blätter entfernt und als Mulch unter die Pflanze gelegt werden. Durch regelmäßiges Ernten einzelner Blätter ergibt sich eine «palmenähnliche» Wuchsform.

Vermehrung Über Samen.

Mischkultur-Partner Aubergine, Paprika, Tomate, Kopfsalat, Endivien, Spinat, Gurken (Einlegegurken, flächig wachsende Sorten), Postelein, Portulak, Sellerie, Karotten, Pastinaken, Bohnen, Erbsen.

Grünkohl 'Roter Krauser'

Grünkohl 'Lippische Palme'

Grünkohl

Brassica oleracea var. *sabellica*

Familie: Kreuzblütler (Brassicaceae)

Zweijährig, winterhart

Empfehlenswerte Sorten
'Roter Krauser': Roter Federkohl mit attraktiven dunkelrot-violetten, grob gefiederten Blättern.
'Lippische Palme': Bis 1,60 m hoch wachsende, alte Sorte mit lila-rötlichem Stiel, sehr milder Geschmack, Ernte frostunabhängig.
'Lärchenzungen': Äußerst winterharte Sorte, ca. 1 m hoch, mit zierlichen, kurzen Blättern.

Verwendung Grünkohl wird je nach Region unterschiedlich zubereitet. Er wird meistens gekocht, gedämpft, blanchiert oder in Smoothies gegeben. Während er früher in Norddeutschland traditionell mit Wurst und Kassler gegessen wurde, gibt es inzwischen zahlreiche vegetarische Gerichte mit dem gesunden Wintergemüse.

Steckbrief Kältetolerante Gemüsepflanze für den zeitigen Anbau im Freiland, die einjährig kultiviert wird. Bildet zunächst eine Blattrosette mit hellgrünen, länglich spitz zulaufenden Blättern. Anschließend wachsen durch Treiben des Blütenstandes (Schießen) die Blätter weiter und bilden einen 2–7 cm dicken, bis 60 cm hoch werdenden, fleischigen Stängel, bis die Blüte im Sommer erscheint. Erinnert geschält äußerlich an Spargel, schmeckt aber wie eine Mischung aus Kohlrabi und Spargel.

Weitere bekannte Namen Spargelsalat, Sommerendivie, Schlobberkohl, Schlupperkohl.

Herkunft Die genaue Herkunft des 'Kasseler Strünkchens' ist nicht mehr eindeutig feststellbar. Eine ursprünglich aus China stammende Gemüsevariante, die 'Chinesische Keule', kam Anfang des 19. Jh. nach Europa. Heute sind Jungpflanzen und ausgewachsene Gemüsepflanzen des 'Kasseler Strünkchens' nur noch in der Region um Kassel erhältlich. Slow Food Deutschland hat die Sorte als Passagier in die Arche des Geschmacks aufgenommen, um ihr Verschwinden zu verhindern.

Standort & Boden Schwachzehrer. Frischer, humoser, lockerer, sandig-lehmiger Boden. Sonniger bis halbschattiger Standort.

Wasserbedarf Gleichmäßige Wasserversorgung.

Aussaat Lichtkeimer. Vorkultur ab März an einem kühlen Standort bei 10–16 °C in Aussaatschalen säen, nur dünn mit Erde bedecken. Nach der Keimung in kleine Töpfe vereinzeln.

Auspflanzen Jungpflanzen von Mitte April bis Mitte Juni ins Beet pflanzen, nicht zu tief setzen, Pflanzabstand ca. 30 x 30 cm.

Pflege Boden gut mulchen, bei längerer Trockenheit gießen.

Blüte Gelbe Blüten in köpfchenförmigen Blütenständen im Sommer.

Ernte Von der Aussaat bis zur Ernte dauert es ca. 50–60 Tage. Zunächst werden Blattrosetten gebildet, die wie Pflücksalat geerntet werden können. Das Schießen des Salats (Treiben des Blütenstands) ist hier besonders gewünscht. Bis zur Ernte des ganzen Strunks können junge Blätter regelmäßig von unten nach oben als Salatblätter geerntet werden. Die Strünkchen sollten rechtzeitig vor der Blüte geschnitten werden, da sie sonst verholzen.

Vermehrung Über Samen.

Mischkultur-Partner Kohl, Tomaten, Radieschen, Fenchel, Kohlrabi, Karotten.

'Kasseler Strünkchen'

'Chinesische Keule'

Kasseler Strünkchen

Lactuca sativa var. *longifolia*
'Kasseler Strünkchen'

Familie: Korbblütler
(Asteraceae)

Einjährig

Verwandte Art und Sorten
Spargelsalat (*Lactuca sativa* var. *angustana*):
'Chinesische Keule': Besonders dicker Strunk.
'Roter Stern': Junge Blätter intensiv rot und lanzettförmig, dünnere Stängel (1,5–3,5 cm).
'Grüner Stern': Grüne lanzettförmige Blätter, später blühend als 'Roter Stern'.

Verwendung Das 'Kasseler Strünkchen' wird vollständig von den Blättern befreit und anschließend geschält. Die verbleibenden Stangen können roh gegessen werden oder in Scheiben geschnitten und gekocht werden. Die Stängel eignen sich kurz angebraten in Wokgerichten, die Blätter werden genau wie Spinat gekocht. Traditionell wird das Strünkchen klein geschnitten, mit Zwiebeln in Butter angebraten und zum Schluss die Blätter zugegeben.

Steckbrief Zweijährige krautige Pflanze, meist einjährig überwinternd kultiviert. Wuchs aufrecht. Runde Lauchstängel, ca. 60–80 cm lang. Laubblätter lang, flach, spitz zulaufend. Bildet keine großen Zwiebeln aus. Alte Sorten mit Verdickung am unteren Ende des Schafts.

Weitere bekannte Namen Porree, Breitlauch, Sommerlauch, Winterlauch, Welschzwiebel, Gemeiner Lauch.

Herkunft Die Wildform, der Ackerlauch *(Allium ampeloprasum)*, stammt aus dem Mittelmeerraum und soll dort bereits 2000 v. Chr. bekannt gewesen sein.

Standort & Boden Mittelzehrer. Lockerer, humusreicher und gut durchlässiger Boden. Standort sonnig bis halbschattig.

Wasserbedarf Gleichmäßige Wasserversorgung, Boden nicht austrocknen lassen.

Aussaat Für Sommerlauch Vorkultur ab Anfang Februar bei 15–20 °C im Haus, für Winterlauch von April bis Mai: Je 2 Samen 1 cm tief in hohe Anzuchttöpfe (Tiefwurzler) oder Multitopfplatten säen, auf den kräftigsten Sämling vereinzeln. Direktsaat ab Mitte Mai. Eine warme Anzucht ist wichtig, um vorzeitiges Schießen zu verhindern.

Auspflanzen Ab Anfang April Sommerlauch, ab Mitte Juni bis Ende Juli Pflanzung robuster Wintersorten. Dafür 15 cm tiefe Gräben anlegen, Pflanzabstand 15–20 cm, Reihenabstand 40–60 cm. Boden gut mit Kompost vorbereiten. Wurzeln vor dem Pflanzen um ein Drittel kürzen, um das Wurzelwachstum anzuregen.

Pflege Alle 2–4 Wochen mit organischem Flüssigdünger oder Pflanzenjauche düngen. Regelmäßig hacken und dabei die Schäfte mit Erde anhäufeln. Engmaschige Kulturschutznetze verhindern einen Befall mit der Lauchmotte.

Blüte Blüht im 2. Jahr Anfang Mai. Kugelförmige Blütenstände aus zahlreichen Einzelblüten.

Ernte Sommerlauch kann ab Juli/August geerntet werden. Frühzeitig gepflanzt, lässt er sich zweimal beernten. Dafür den Schaft schräg oberhalb des Bodens schneiden, eine zweite schmalere Stange wächst nach. Vor den ersten Frösten vollständig ausgraben. Ernte des Winterlauchs bei frostfreiem Boden vom Herbst des 1. Jahres bis zum Frühjahr des 2. Jahres, bevor die Blüten erscheinen.

Vermehrung Zur Saatgutgewinnung ab Juli verblühte Blütenstände abschneiden.

Mischkultur-Partner Gurke, Möhre, Rettich, Sellerie, Feldsalat, Spinat, Kohlrabi.

Empfehlenswerte Sorten
'Blaugrüner Winter': Blaugrünes, aufrechtes Laub, schöne, weiße, dicke, 20–25 cm lange Schäfte, winterhart.
'Freezo': Dunkler, später Winterlauch.
'Hilari': Sommerlauch, schossfest, schnellwachsend, nicht winterhart.

Verwendung Lauch kann roh in Scheiben geschnitten und genau wie Zwiebel verwendet werden. Meistens wird er gekocht und in Suppen, Aufläufe oder Salate gegeben. In Streifen oder dünne Ringe geschnitten auch für Wokgerichte geeignet.

Lauch, Stangen

Lauch, angehäufelt

Lauch

Allium porrum

Familie: Amaryllisgewächse (Amaryllidaceae)

Zweijährig

Steckbrief Blattgemüse. Stiele bei Stielmangold je nach Sorte unterschiedlich gefärbt von Gelb über Rot bis Weiß. Lang gestielte, bis 30 cm lange und bis zu 15 cm breite gewellte oder glatte Blätter. Sowohl Blätter als auch Stiele essbar. Blattmangold mit spinatähnlichem, niedrigem Wuchs und kurzen, dünnen Blattstielen.

Weitere bekannte Namen Krautstiel, Rübstiel.

Herkunft Mangold stammt ursprünglich aus dem Mittelmeerraum und Vorderasien, er ist eine Kulturform der an Küsten wachsenden Wilden Rübe (*Beta vulgaris* subsp. *maritima*). In Deutschland war der Mangold bis zum 17. Jh. ein beliebtes Blattgemüse, bis er vom Spinat verdrängt worden ist. Unterdessen wird er wieder häufiger kultiviert.

Standort & Boden Mittelzehrer. Humusreicher, tiefgründiger und lockerer Boden, der mit Urgesteinsmehl und Kompost vorbereitet wird. Sonniger bis halbschattiger Standort. Ideal als Lückenfüller im Blumenbeet.

Wasserbedarf Gleichmäßig mit Wasser versorgen, besonders zur Keimung und zum guten Wachstum der Jungpflanzen, später wird kurzzeitige Trockenheit toleriert.

Aussaat Dunkelkeimer. Zur besseren Keimung empfiehlt sich die Aussaat in Multitopfplatten. Ende März bis Anfang September einzeln ca. 2 cm tief in Aussaaterde säen, später auf einen Keimling vereinzeln (pro Samenkorn wachsen mehrere Keimlinge). Nicht pikieren, da Mangold ein Pfahlwurzler ist. Keimlinge dann an einen hellen und frostfreien Standort stellen. Direktsaat ins Beet ab Mitte April.

Auspflanzen Sobald die Jungpflanzen ca. 3–5 cm groß sind, ins Beet pflanzen, Pflanzabstand ca. 40 x 40 cm. Ist das Frühjahr heiß und trocken, Jungpflanzen mit Vlies abdecken.

Pflege Alle 2–3 Wochen mit Flüssigdünger oder Pflanzenjauche düngen. Boden gut mulchen. Weißstielige Sorten sind weniger frostanfällig als buntstielige. Bei leichten Frösten mit Vlies abdecken.

Blüte Blüht im 2. Jahr. Blütenstände meist rispenförmig und aus zahlreichen kleinen zwittrigen Blüten bestehend, die meist grünlich oder gelblich gefärbt sind.

Ernte Mangold kann je nach Sorte und Anbauzeitpunkt etwa 8–12 Wochen nach der Aussaat geerntet werden und das über einen längeren Zeitraum, da immer nur die äußeren Blätter entnommen werden und neue Blätter aus der Mitte nachwachsen. Die Blätter sind frostempfindlich, treiben jedoch im zeitigen Frühjahr wieder aus. Wenn der Winter mild ist, kann oft ohne Pause bis zum nächsten Frühjahr geerntet werden.

Stielmangold 'Bright Lights'

Stielmangold 'Glatter Silber'

Stielmangold 'Rhubarb Chard'

Mangold

Beta vulgaris subsp. *vulgaris*

Familie: Fuchsschwanzgewächse (Amaranthaceae)

Ein- bis zweijährig

Vermehrung Über gut ausgereifte Samen; oft Selbstaussaat.

Mischkultur-Partner Kohl, Möhren, Pastinaken, Radieschen, Rettich, Hülsenfrüchte.

Empfehlenswerte Sorten
Stielmangold: 'Glatter Silber' (tiefgrünes Blatt mit breiten, silberweißen Rippen), 'Bright Lights' (buntstielig), 'Rhubarb Chard' (rotstielig, dunkelrote Blattrippen).
Blattmangold: 'Grüner Schnitt' (schnell nachwachsend, frosttolerant).

Verwendung Mangold kann genauso wie Spinat verwendet werden. Junge Blätter sind für Salate gut geeignet. Die verschiedenen Farben der Mangoldstiele bleiben beim Kochen erhalten. Bei der Zubereitung empfiehlt es sich, die Blätter von den Stielen zu trennen, da die Stiele eine längere Garzeit haben.

Steckbrief Zweijähriges, winterhartes Kohlgemüse, das einjährig kultiviert wird. Wuchshöhe bis zu 1,5 m. Blätter lang gestielt, 40–60 cm lang, meist dunkelgrün, aber auch rötlich oder violett, bogenförmig gewölbt. Röschen bilden sich spiralförmig aufsteigend entlang des Stängels, im oberen Bereich in den Blattachseln sitzend.

Weitere bekannte Namen Kohlsprossen, Sprossenkohl.

Herkunft Der Rosenkohl ist aus dem wild vorkommenden Gemüsekohl *(Brassica oleracea)* entstanden. Alte Aufzeichnungen belegen, dass man ihn um 1587 im heutigen Belgien anbaute. Im deutschsprachigen Raum wurde er unter der Bezeichnung «Brüsseler Sprossen» bekannt. Obwohl er sehr winterhart und für ganz Mitteleuropa geeignet ist, wird er kommerziell überwiegend in den Niederlanden, Belgien und Frankreich angebaut.

Standort & Boden Starkzehrer. Tiefgründiger, nährstoffreicher sandiger Lehmboden mit hohem Humusgehalt. Volle Sonne bis Halbschatten.

Wasserbedarf Boden gut feucht halten, vor allem die Jungpflanzen regelmäßig gießen.

Aussaat Voranzucht empfehlenswert ab Mitte März bis Anfang Mai, Saattiefe 0,5–1 cm, in Aussaatschalen mit Anzuchterde im Abstand von 5 cm säen. Pikieren in Aussaattöpfe oder Multitopfplatten.

Auspflanzen Jungpflanzen ab 4 Blättern dürfen ins Freiland gepflanzt werden, je nach Sorte von April bis spätestens Ende Mai, damit sich die Röschen bis zum Herbst gut ausbilden können. Pflanzabstand je nach Sorte ca. 50–60 x 50 cm. Mit Gemüseschutznetz abdecken.

Pflege Hoher Nährstoffbedarf, regelmäßig organisch mit Flüssigdünger oder Pflanzenjauche düngen. Boden gut mulchen. Im Herbst können dazu ältere gelbe Blätter verwendet werden.

Blüte Im 2. Jahr erscheinen im Frühjahr kleine, gelbe Blüten.

Ernte Sehr lange Kulturdauer von etwa 165 Tagen. Ab November fortlaufend bis Februar einzelne Röschen von unten nach oben ernten. Kühlere Temperaturen über einen längeren Zeitraum lassen den Geschmack des Rosenkohls milder werden. Nicht bei Frost ernten.

Vermehrung Über Samen.

Mischkultur-Partner Kartoffeln, Tomaten, Spinat, Salat, Erbsen, Bohnen, Sellerie, Rote Bete.

Empfehlenswerte Sorten
'Sanda': Aus Spanien stammend, spät reifend, ertragreich, tolerant gegenüber Frost und Trockenheit.
'Red Ball': Rote Röschen, milder Geschmack, frosthart.
'Groninger': Mittelfrühe, bewährte Sorte.

Verwendung Rosenkohl ist ein gesundes und vitaminreiches Wintergemüse, das oft aufgrund des strengen Kohlgeschmacks, der sich bei längerem Kochen bildet, gemieden wird. Auch die Farbe ändert sich dann meist in ein unansehnliches Graugrün. Das kann gut verhindert werden, wenn der Rosenkohl nur gedämpft oder kurz blanchiert und angebraten wird. Das Durchschneiden der Röschen verkürzt die Garzeit. Etwas aufwendiger ist das Zerpflücken der Röschen in einzelne Blätter. Sie können anschließend kurz angebraten werden und bleiben geschmacklich sehr mild.

Rosenkohl

Brassica oleracea var. *gemmifera*

Familie: Kreuzblütler (Brassicaceae)

Zweijährig, winterhart

Spinat

Spinacia oleracea

Familie: Fuchsschwanzgewächse (Amaranthaceae)

Einjährig

Steckbrief Kältetolerantes Blattgemüse für den Frühjahrs- und Herbstanbau. Dünn gestielte Laubblätter, die rosettenförmig am Stängel angeordnet sind. Stängel unverzweigt, ca. 5–10 cm hoch. Pfahlwurzel. Neigt bei hohen Temperaturen zum Schossen. Spinat ist frostverträglich und hält, gut eingewurzelt, Temperaturen bis −12°C aus.

Weitere bekannte Namen Echter Spinat, Gemüsespinat, Gartenspinat.

Herkunft Die Kulturform des Spinats stammt wahrscheinlich aus Südwestasien. Eine Wildform ist nicht bekannt.

Standort & Boden Mittelzehrer. Humoser, lockerer, sandig-lehmiger Boden, vor der Aussaat etwas mit Kompost anreichern. Sonniger bis halbschattiger Standort. Gedeiht auch in Kübeln und Balkonkästen.

Wasserbedarf Boden gleichmäßig feucht halten.

Aussaat Direktsaat für die Sommerernte von März bis Ende April und für die Herbst- und Winterernte von August bis September in Reihe (breitwürfig nur bei sehr unkrautfreiem Beet empfohlen). Keimtemperatur ab 5 °C, optimal bei 10–18 °C. Saattiefe ca. 2–3 cm, Abstand 5 cm, Reihenabstand 20 cm. Keimlinge vereinzeln. Voranzucht im Spätsommer bei zu viel Hitze und Trockenheit in Multitopfplatten, um die Keimfähigkeit zu verbessern. Möglichst nicht im Sommer aussäen, da Spinat zum Schießen neigt.

Auspflanzen Vorgezogene Jungpflanzen ab September ins Beet pflanzen, nicht zu tief setzen, Pflanzabstand 5 cm. Wachstum wird unter 5 °C eingestellt.

Pflege Bei guter Beetvorbereitung mit Kompost (2–3 l/qm) ist Nachdüngen nicht erforderlich, da Spinat zur Nitratanreicherung in den Blättern neigt. Den Boden gut mulchen, damit die Feuchtigkeit im Boden bleibt und Unkraut unterdrückt wird. Um Falschem Mehltau an Spinat vorzubeugen, möglichst nicht von oben und nicht abends gießen. Befallene Blätter rechtzeitig entfernen.

Blüte Blüten eingeschlechtlich, männliche und weibliche Blütenstände auf verschiedenen Pflanzen. Männliche Blüten in knäueligen Teilblütenständen in endständigen Gesamtblütenständen, weibliche Blütenstände in den Blattachseln.

Ernte 6–8 Wochen nach der Aussaat, von Oktober bis Januar und im Mai/Juni. Geerntet werden einzelne Blätter oder die ganze Pflanze. Das Entfernen der äußeren Blätter regt den Neuaustrib der jungen Blätter an. Ernte nur an frostfreien Tagen, da die Blätter beim Auftauen sonst sofort ihre Struktur verlieren. Spinat nimmt viel Nitrat aus dem Boden auf und speichert es nachts und an trüben Tagen. Bei Sonne sinkt der Nitratgehalt im Laufe des Tages. Daher am besten an sonnigen Tagen, nachmittags oder abends ernten. Blühender Spinat wird ungenießbar.

Vermehrung Über Samen.

Mischkultur-Partner Asiasalate, Karotten, Radieschen, Salate.

Empfehlenswerte Sorten
'Matador': Bewährte Sorte, schnellwachsend, schossfest. Zur Überwinterung geeignet.
'Winterriesen': Besonders aromatisch, charakteristische Blattform mit Zipfel am unteren Ende. Zur Überwinterung geeignet.

Verwendung Spinat kann roh im Salat oder in Smoothies gegeben werden. Wird er gekocht, möglichst nur kurz erhitzen, dämpfen oder blanchieren. Spinat passt vor allem sehr gut zu Kartoffelgerichten oder zu Pasta.

Die Sonnenhungrigen – wärmeliebende Gemüsesorten

Viele unserer Gemüsesorten, die wir im Sommer anbauen, kommen ursprünglich aus wärmeren Ländern wie etwa Südamerika. Mit der Voranzucht auf der Fensterbank, die oft schon sehr zeitig starten muss, schaffen wir es, in dem engen Zeitfenster zwischen den Eisheiligen und dem ersten Frost im Herbst diese wärmeliebenden Sorten zur Reife zu bringen. Der Klimawandel macht es möglich, längere Anbauphasen im Freien zu nutzen und ganz neue Sorten auszuprobieren, die früher nur im Gewächshaus reifen konnten.

Wenn die Sommer heiß und trocken sind, profitieren Gemüsesorten, die neben Wärme auch eine gleichmäßige Bodenfeuchte benötigen, von einer guten Bodenbedeckung, damit möglichst wenig Wasser verdunstet. Hier hilft eine gute Bodenmulchung oder die Kombination mit kriechend wachsenden Gemüsesorten, die den Boden bedecken und so den Feuchtigkeitsverlust minimieren.

Steckbrief Aufrecht wachsende krautige Pflanze, Höhe 1–2 m. Stängel meist verzweigt mit wechselständig angeordneten Laubblättern. Zweikeimblättriges Pseudogetreide, getreideähnliche, sehr kleine Körner, ca. 50 000 diskusförmige, runde Samenkörner pro Pflanze, weniger als 1 mm dick. Blätter und Körner essbar. Mehr als 60 verschiedene Sorten bekannt, in unseren Breiten überwiegend Anbau von Blatt-Amaranth-Sorten.

Weitere bekannte Namen Fuchsschwanz, Inkaweizen.

Herkunft Amaranth zählt zu den ältesten Kulturpflanzen und wurde bereits von den Inkas, Mayas und Azteken als Grundnahrungsmittel angebaut. Aufgrund der religiösen Bedeutung für die Indios verboten die Spanier den Anbau, der damit für Jahrhunderte in Vergessenheit geriet. In Mittel- und Südamerika wurde er lange Zeit nur noch auf kleinsten Flächen erhalten, bis das Korn wiederentdeckt wurde.

Standort & Boden Mittelzehrer. Lehmig-humoser Boden. Vollsonniger, warmer Standort. Genügsam. Gut für milde, sommertrockene Gebiete geeignet.

Wasserbedarf Sehr trockentolerant.

Aussaat Aufgrund der langsamen Entwicklung der Jungpflanzen ist eine Vorkultur im Haus empfehlenswert. Ab Anfang April flächig in Aussaatschalen säen, nur dünn mit Erde bedecken, gut feucht halten, in Multitopfplatten oder kleine Töpfe vereinzeln. Vor dem Auspflanzen gut abhärten. Direktsaat aufgrund der Kälteempfindlichkeit und der langen Kulturdauer nur bei Blattnutzung.

Auspflanzen Frühestens ab Mitte Mai, nach den Eisheiligen, da frostempfindlich. Mit Vlies abdecken. Pflanzabstand 30 cm in der Reihe, 40 cm zwischen den Reihen. Auch einzeln im Blumenbeet. Zur Beschattung niedriger Kulturen geeignet.

Pflege Anhäufeln erhöht die Standfestigkeit, bei zu großen Rispen evtl. Anbinden erforderlich. Niedriger Nährstoffbedarf, Pflanzen versorgen sich selbst aus dem Boden. Bei zu viel Stickstoff drohen Reifeverzögerung und Lagerunfähigkeit.

Blüte Blüten eingeschlechtlich, grün, orange, braun oder rot, in vielblütigen Blütenknäueln, die je nach Art ihrerseits zu Gesamtblütenständen zusammentreten.

Ernte Als Blattgemüse die Blätter nach 6–8 Wochen ernten. Körnerreife je nach Sorte, Wetter und Standort im September/Oktober. Blütenstände möglichst bei trockenem Wetter abschneiden. Körner vor der Lagerung unbedingt gut trocknen lassen. Nachreifen lassen ist möglich. Trockene Körner ausschütteln oder Blütenstände reiben und anschließend sieben.

Vermehrung Die gut getrockneten Körner können für die Aussaat im Folgejahr verwendet werden.

Dreifarbiger Fuchsschwanz

Rispen-Fuchsschwanz 'Alegria'

Amaranth

Amaranthus spp.

Familie: Fuchsschwanzgewächse (Amaranthaceae)

Einjährig, wärmeliebend

Mischkultur-Partner Gurke, Zucchini, Kürbis, Salate.

Empfehlenswerte Arten und Sorten
Blatt-/Gemüse-Amaranth: Dreifarbiger Fuchsschwanz *(Amaranthus tricolor)*.
Popp-Amaranth: Rispen-Fuchsschwanz *(Amaranthus cruentia)* 'Alegria': Große, cremefarben blühende Pflanzen mit vielen Körnern.
Körner-Amaranth: Garten-Fuchsschwanz *(Amaranthus caudatus)* 'Coral Fountain': Besonders lange, korallenfarbige Blütenstände.

Verwendung Amaranth besitzt kein Klebereiweiß und wird gerne als Ersatz für glutenhaltiges Getreide verwendet. Mit dem nussigen Geschmack eignet es sich gut als Zugabe zu Müsli, in Keksen, Brot, Bratlingen, Gemüsepfannen und Suppen. Popp-Amaranth ist eine beliebte, gesunde Alternative zu Popcorn. Als Blattgemüse eignen sich junge Blätter gut für Salate, ältere als Spinatalternative.

Andenbeere

Physalis peruviana

Familie: Nachtschattengewächse (Solanaceae)

Einjährig, wärmeliebend

Steckbrief Nicht winterhartes Fruchtgemüse, mehrjährig, bei uns meistens einjährig kultiviert. Aufrecht wachsende krautige Pflanze, ca. 1–2 m hoch, verzweigt. Einfache, ganzrandige Laubblätter, filzig behaart. Runde, gelbe oder orangegelbe Früchte in lampionartiger, anfangs grüner Hülle, die zur Reife bräunlich trocknet. Süß-säuerlicher Geschmack.

Weitere bekannte Namen Physalis, Kapstachelbeere, Peruanische Blasenkirsche, Inkapflaume.

Herkunft Die Andenbeere stammt aus den südamerikanischen Anden. Portugiesische Seefahrer brachten sie im 19. Jh. aus Südamerika nach Südafrika. Von dort kam sie in der zweiten Hälfte des 20. Jh. nach Europa. Obwohl die Andenbeere auch bei uns angebaut werden kann, finden wir sie im Supermarkt ganzjährig aus Südamerika.

Standort & Boden Starkzehrer. Humusreicher, tiefgründiger und lockerer Boden, der mit Urgesteinsmehl und Kompost vorbereitet wird. Sonniger, windgeschützter Standort. Sehr gut für Kübel und Hochbeete geeignet

Wasserbedarf Hoch; gleichmäßig mit Wasser versorgen.

Aussaat Voranzucht im Haus: sehr zeitig ab Mitte Februar bei 25 °C in Aussaat-Schalen säen. Sobald sich das erste richtige Blattpaar zeigt, in kleine Töpfe oder Multitopfplatten pikieren.

Auspflanzen Gut abgehärtete Jungpflanzen frühestens nach den Eisheiligen Mitte Mai nach draußen pflanzen, Pflanzabstand ca. 100 cm. Möglichst nicht ins Gewächshaus pflanzen, da dort mehr Blätter, aber weniger Früchte gebildet werden.

Pflege Triebe kürzen, damit sich die Pflanzen verzweigen und mehr Früchte bilden. Pflanzen anbinden, da sie sehr hoch wachsen. Bei zu buschigem Wachstum die jungen Triebe in den Blattachseln ausgeizen. Zur Überwinterung abgeerntete Pflanzen im Oktober um 2/3 kürzen und hell und kühl bei ca. 15 °C im Haus überwintern, dabei regelmäßig etwas mit Wasser versorgen.

Blüte Selbstfruchtbare zwittrige Blüten in den Blattachseln, fünfzählig. Kronblätter gelb mit dunklen Flecken in der Mitte. Der Kelch vergrößert sich und umschließt die wachsende Frucht lampionartig.

Ernte Sobald die Blütenhülle pergamentartig bräunlich wird, sind die Früchte reif und orangegelb, oft fallen sie von allein zu Boden. Mit Hülle geerntete Früchte können bei 10–15 °C einige Wochen gelagert werden, Nachreifen ist nicht möglich.

Vermehrung Über Samen aus ausgereiften Früchten oder über im September geschnittene Stecklinge.

Mischkultur-Partner Bohnen, Feldsalat, Spinat, Zwiebeln.

Empfehlenswerte Sorten
'Schönbrunner Gold': Besonders große Früchte, sehr aromatisch bis zu 2 m hoch.
'Heitmann': Früh reifend, kleinere Früchte, sehr ertragreich.

Verwendung Andenbeeren werden roh gegessen und meistens direkt vom Strauch genascht. Sie eignen sich für abwechslungsreiche Salate und Süßspeisen oder als exotische Frucht zum Schokoladenfondue.

Verwandte Art Erdkirsche *(Physalis pruinosa)*: Zahlreiche etwa kirschengroße Früchte, die früher reifen. Die Pflanzen bleiben kleiner als *Physalis peruviana* und eignen sich auch für Hängeampeln. Sehr ertragreich ist die Sorte 'Dulceria'.

Erdkirsche

Erdkirsche, reif

Artischocke

Cynara scolymus

Familie: Korbblütler
(Asteraceae)

Mehrjährig bei
wintermildem Klima

Steckbrief 30–150 cm hohe, immergrüne Mehrjährige, die als Blattschmuckstaude, imposante Blütenstaude und Gemüsedelikatesse verwendet wird. Laubblätter an der Unterseite graufilzig behaart, zwei- bis dreifach fiederschnittig und dornig. Blaugrüne, geschlossene Knospen erscheinen ca. 3–4 Wochen vor der Blütezeit.

Herkunft Mittelmeerraum.

Standort & Boden Starkzehrer. Liebt nährstoffreiche, humose und gut gelockerte Sand- oder Lehmböden in voller Sonne, windgeschützt. Verträgt keine Staunässe.

Wasserbedarf Regelmäßig, aber nicht täglich gießen, damit sich die lange Pfahlwurzel gut ausbilden kann. Im Jungstadium feucht halten, nicht austrocknen lassen, mulchen.

Aussaat Im Haus ab Mitte Februar bis April, Keimtemperatur ab 20 °C, danach etwas kühler stellen. 2–3 Korn in 9-cm-Topf, vorher Einweichen erhöht die Keimfähigkeit. Pikieren in Einzeltöpfe. Frühe Aussaat erhöht die Chance auf Blüte im 1. Jahr.

Auspflanzen Ab Mitte Mai, frostempfindlich. Platzbedarf ca. 1 x 1 m. Gut in Einzelstellung oder Gruppen, am Rand von Gemüsebeeten oder im Blumenbeet, vor Südwand oder Mauer.

Pflege Hoher Nährstoffbedarf, regelmäßig organisch düngen. Zur Überwinterung Blütenstängel und äußere Blätter stark einkürzen und Herzblätter zusammenbinden, sehr gut mit einer dicken Schicht Laub, Stroh oder Reisig vor Kahlfrost schützen, Blätter vor zu viel Winternässe schützen.

Blüte Die lilafarbenen Blüten stehen in körbchenförmigen Blütenständen mit fleischigem Blütenstandsboden und erscheinen bei später Aussaat erst im 2. Jahr.

Ernte Genutzt werden die Blütenstände im Knospenstadium. Sie werden ca. 3–4 Wochen vor der Blütezeit geschnitten.

Vermehrung Über Samen.

Mischkultur-Partner Zwischenräume können bei Jungpflanzen für Fenchel, Radieschen und Salat genutzt werden.

Empfehlenswerte Sorten Grüne Artischocken-Sorten sind robuster und ertragreicher, während die violetten Sorten geschmackliche Vorteile bieten.
Grüne Sorten: 'Camus de Bretagne', 'Castel', 'Catanesi', 'Green Globe', 'Imperial Stari'.
Violette Sorten: 'Petit Violet', 'Romanesco', 'Violet de Provence', 'Violetti di Toscana'.

Verwendung Da die Artischocke eine echte Südländerin ist, passt sie sehr gut zur mediterranen Küche. Beliebt sind in Olivenöl eingelegte Artischockenböden und -herzen auf dem Vorspeisenteller. Bei wenig Platz lohnt sich der Anbau als Gemüse weniger. Dafür sind die Blüten ein echtes Highlight und werden gerne von Bienen und Hummeln besucht.

Verwandte Art
Cardy *(Cynara cardunculus)*: Bei dieser auch Kardone oder Spanische Artischocke genannten Art werden nur die Blätter genutzt. Pro Pflanze erscheinen mehrere Blütenstände im zweiten Jahr. Die Blüten sind wesentlich kleiner und haben keinen fleischigen Blütenboden. Als schmackhaftes Wintergemüse werden die Blattstiele zum Bleichen ab September für ca. 3 Wochen zusammengebunden und mit Packpapier eingewickelt. Die Cardy ist eine ausdauernde Pflanze, die als Gemüsepflanze nur einjährig gezogen wird. Am besten wächst sie bei mildfeuchtem Wetter über eine lange Vegetationsdauer und benötigt weniger hohe Temperaturen als die Artischocke. Trockenwarmes Wetter ist eher problematisch für sie.

Cardy

Steckbrief Mehrjähriges Fruchtgemüse, in unseren Breiten nur einjährig kultiviert. Buschiger Wuchs mit aus den Blattachseln wachsenden Seitentrieben, Höhe je nach Sorte 50–150 cm. Von winzigen Härchen bedeckte, stachelige Stängel und mehr oder weniger behaarte weiche Blätter. Selbst- und Fremdbefruchtung. Früchte eierförmig oval oder lang und schmal.

Weitere bekannte Namen Eierfrucht, Melanzani.

Herkunft Ursprünglich stammt die Aubergine aus Asien, speziell aus Indien, wo sie auch heute noch wild vorkommt. In China wurde sie bereits vor 2000 Jahren angebaut und hat sich später im arabischen Raum verbreitet. Die ursprünglichen Sorten waren viel kleiner und wahrscheinlich cremefarbig. Im asiatischen Raum existieren verschiedene Sorten, während man in Italien zunächst nur die keulenförmige, dunkelviolette Aubergine (*Solanum melongena* var. *esculentum*) anbaute. In den 1970er-Jahren wurde die Aubergine durch italienische Gastarbeiter auch im deutschsprachigen Raum bekannt. Inzwischen gibt es auch hierzulande eine größere Sortenvielfalt.

Standort & Boden Mittelzehrer. Humoser Boden, keine Staunässe. Vollsonniger, warmer Standort, windgeschützt. Ideal vor einer Mauer oder Südwand, im Kraterbeet, Hochbeet oder in großen Kübeln.

Wasserbedarf Gleichmäßige Wasserversorgung, Boden nicht austrocknen lassen, mulchen. Kleinere Sorten benötigen weniger Wasser.

Aussaat Dunkelkeimer. Sehr zeitig ab Februar im Haus bei 20–25 °C und hoher Luftfeuchte keimen lassen. Saatgut einzeln 1–2 cm tief in kleine Töpfe geben, nach der Keimung etwas kühler stellen bei 18–21 °C.

Auspflanzen Frühestens ab Mitte Mai, nach den Eisheiligen, am besten Ende Mai. Sehr frost- und kälteempfindlich, möglichst dauerhaft Temperaturen über 15 °C. Pflanzabstand 45 cm in der Reihe, 60 cm zwischen den Reihen.

Pflege Damit die Früchte gut ausreifen können, empfiehlt es sich, nur 2 Früchte pro Trieb wachsen zu lassen. Durch Ausgeizen einzelner Seitentriebe verhindert man einen zu buschigen Wuchs und die Früchte können ohne zu viele, beschattende Blätter besser reifen.

Blüte Sehr hübsche lila Blüten ähnlich der Kartoffelblüte, teils nach unten geneigt, männliche und zwittrige Blüten an einer Pflanze.

Ernte Auberginen können gut mit einer Gartenschere abgeschnitten werden, unreife Früchte vor dem ersten Frost ernten und wie Tomaten nachreifen lassen.

Vermehrung Über Samen.

Mischkultur-Partner Bohnen, Salat, Spinat, Radieschen, Kohlarten, Mairübe.

Aubergine 'Lea'

Aubergine 'Striped Toga'

Aubergine 'Violetta lunga 3'

Aubergine

Solanum melongena

Familie: Nachtschattengewächse (Solanaceae)

Mehrjährig, wärmeliebend

Empfehlenswerte Sorten
'Frühviolette': Robuste Sorte für frühe Ernte.
'Slim Jim': Besonders reich tragende Sorte, längliche lila Früchte, in Trauben wachsend.
'Lea': Rund-ovale, violett-weiß geflammte Früchte, niedriger Wuchs, für Kübel geeignet.
'Kino': Früh reifend und ertragreich, kleine dunkelviolette Früchte (6–10 cm).
'Violetta lunga 3': Mittelfrüh reifend, ertragreich, sehr lange keulenförmige, dunkelviolette Früchte (25–30 cm).
'Striped Toga': Kleine, orange gestreifte Früchte, die unreif geerntet werden, kälteverträglich, meist als Zierform angebaut.

Verwendung Auberginen eignen sich sehr gut für Rezepte der Mittelmeerküche wie Ofengemüse in Olivenöl, gefüllte Auberginen, Ratatouille, Moussaka, Pasta-Sauce mit Tomaten und Auberginen oder Parmigiana di Melanzane. Auberginen niemals roh essen, da sie das giftige Solanin enthalten.

Steckbrief Nicht winterharte, krautige Pflanze mit 20–100 cm hohen Stängeln, die borstig behaart sind. Verzweigt wachsend. Bis 150 cm lange Pfahlwurzeln mit Nebenwurzeln. Knöllchenbakterien *(Bradyrhizobium japnonicum)* siedeln sich an den Nebenwurzeln an und können den Luftstickstoff für die Eiweißbildung verfügbar machen. Edamame sind grüne, vorzeitig geerntete Hülsen der Sojabohne, die 5–10 cm lang werden. Pflanzen treiben aus den Achseln neu aus, falls der Haupttrieb durch Hagel oder Starkregen beschädigt worden ist.

Weitere bekannte Namen Grüne Sojabohne, Stängelbohne, Behaarte Bohne.

Herkunft Die Sojabohne *Glycine max* stammt wahrscheinlich von der Wildform *Glycine soja* ab, die man um 7000 v. Chr. in Nordchina und um 5000 v. Chr. in Japan nachweisen konnte. Im ersten Drittel des 18. Jh. kam die Sojabohne nach Europa und Amerika, wurde aber erst ab den 1980er-Jahren verstärkt angebaut.

Standort & Boden Schwachzehrer. Sonniger, windgeschützter Standort. Humusreicher, lockerer Boden. Vor der Pflanzung gut mit Kompost versorgen.

Wasserbedarf Gleichmäßige Wasserversorgung. Edamame benötigen vor allem während der Blütezeit und Fruchtausbildung ausreichend Wasser.

Aussaat Vorkultur ab April im Haus bei 22–24 °C. 2 Samen werden ca. 4 cm tief in kleine Töpfe oder Multitopfplatten mit Anzuchterde geben. Direktsaat frühestens Anfang/Mitte Mai ab mind. 10 °C. Abstand 10 cm in der Reihe, 40 cm zwischen den Reihen. Das Saatgut kann bei Bedarf mit den Knöllchenbakterien *(Bradyrhizobium japnonicum)* geimpft werden, um den Ertrag zu erhöhen, da diese Bakterien nicht in unseren Böden vorhanden sind.

Auspflanzen Vorgezogene Jungpflanzen ab Mitte Mai, nach den Eisheiligen, ins Beet pflanzen. Dabei etwas tiefer setzen, um die Standfestigkeit zu erhöhen.

Pflege Sobald die Blätter vorzeitig gelb werden, mit organischem Flüssigdünger nachdüngen. Den Boden durch Hacken oder Mulchen locker halten und Pflanzen dabei anhäufeln. In der Reihe evtl. durch zwei seitliche Schnüre abstützen, da die Pflanzen gerne umfallen.

Blüte Selbstbefruchtend. Unscheinbare, weiße oder lila Lippenblüten.

Ernte Von der Aussaat bis zur Ernte vergehen ca. 2–3 Monate. Die Hülsen werden geerntet, solange sie noch grün sind, von Mitte August bis Anfang Oktober. Regelmäßig einzeln pflücken oder komplette Pflanzen mit Hülsen abschneiden. Die Wurzeln können zur Bodenverbesserung im Boden verbleiben.

Vermehrung Über ausgereifte Samen (Bohnenkerne).

Mischkultur-Partner Keine besonderen Ansprüche; gut geeignet neben Kohl, Kohlrabi, Kopfsalat, Rettich, Sellerie und Tomaten.

Empfehlenswerte Sorten Traditionelle asiatische Sorten blühen erst spät und würden in unseren Breiten nicht reifen. Daher sollte man Sorten wählen, die an unser Klima bereits angepasst sind.
'Green Shell': Frühe Sorte.
'Summer Shell': Standfest.
'Hokkai Black': Pflückreife später als 'Summer Shell'; reife Samen sind schwarz.
'Hokkai Green': Standfest, buschig.

Verwendung Edamame sind ein wichtiger Bestandteil der vegetarischen Küche, da sie viel Eiweiß (12–13 %) enthalten. Sie dürfen nicht roh gegessen werden und man isst nur die Bohnenkerne. Zum Kochen werden die Hülsen 5–10 min gekocht und anschließend die Bohnen ausgelöst. In dieser Form können sie auch eingefroren werden. Edamame eignen sich als Zugabe in Bowls, Salaten, asiatischen Wokgerichten und Suppen.

Saatgut

Edamame (Sojabohne)

Glycine max

Familie: Hülsenfrüchtler (Leguminosae/Fabaceae)

Einjährig, wärmeliebend

Erdbeer-spinat

Chenopodium foliosum
(Syn. *Blitum foliosum*)

Familie: Fuchsschwanz-gewächse (Amaranthaceae)

Einjährig

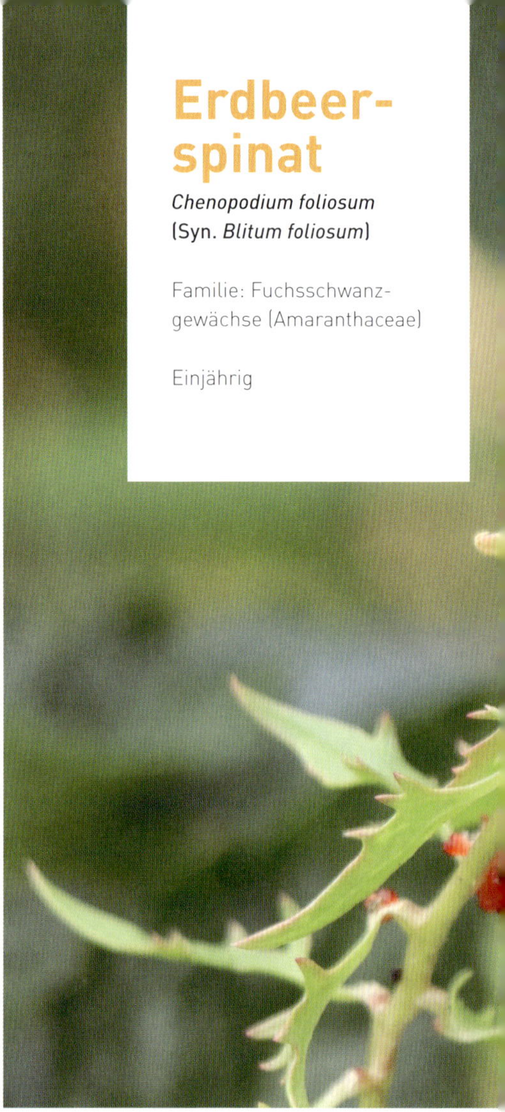

Steckbrief Einjähriges Blattgemüse. Stängel aufrecht wachsend, später bogig überhängend, Wuchshöhe bis 70 cm. Blätter grün, dreieckig und unregelmäßig gezähnt, ca. 8 cm lang. Kleine dekorative dunkelrote Früchte in Walderdbeergröße mit wenig Geschmack.

Weitere bekannte Namen Echter Erdbeerspinat, Durchblätterter Gänsefuß.

Herkunft Der Erdbeerspinat wurde früher als beliebtes Blattgemüse in Mitteleuropa angebaut. Mit dem Anbau von Spinat verlor der Erdbeerspinat jedoch langsam an Bedeutung. Heute ist er wieder eine beliebte und dekorative Pflanze in vielen Hausgärten.

Standort & Boden Schwachzehrer. Humoser, lockerer, sandig-lehmiger Boden. Sonniger bis halbschattiger Standort. Staunässe vermeiden. Ideal als Lückenfüller im Blumenbeet, am Rand von Hochbeeten, in Kübeln und Hängeampeln.

Wasserbedarf Gleichmäßig mit Wasser versorgen, Boden feucht halten.

Aussaat Dunkelkeimer. Vorkultur im Haus: Ab März je 3–4 Samen ca. 3 cm tief in kleine Anzuchttöpfe oder Multitopfplatten säen, später auf den kräftigsten Sämling vereinzeln. Direktsaat ab April bis spätestens im Juni.

Auspflanzen Jungpflanzen ab Mitte April/Anfang Mai ins Beet pflanzen, Pflanzabstand ca. 15 cm, Reihenabstand 25–30 cm. Bei Spätfrost mit Vlies abdecken.

Pflege Regelmäßig Blätter ernten. Boden gut mulchen, bei Bedarf mit organischem Flüssigdünger düngen.

Blüte Grüne Blüten in Knäueln im Juni und Juli.

Ernte Die Blätter können etwa 10–12 Wochen nach der Aussaat geerntet werden. Regelmäßig junge Blätter ernten, einzeln vom Stängel abzupfen.

Vermehrung Erhält sich meist durch Selbstaussaat. Saatgut kann vorsichtshalber im September den welkenden Früchten entnommen werden.

Mischkultur-Partner Frühlingszwiebeln; zum Unterpflanzen von Stangenbohnen geeignet.

Verwendung Erdbeerspinat kann wie Spinat verwendet werden. Er eignet sich gut als Zugabe in Wildsalaten oder in Smoothies. Die essbaren Früchte sind eine schöne Dekoration.

Steckbrief Nicht winterharter, in seiner Heimat mehrjähriger, krautig wachsender Halbstrauch, der als Blattgemüse und Heilpflanze verwendet wird. Verzweigt wachsend, in unseren Breiten 0,5–0,6 m hoch. Gelbgrüne ovale, sukkulente Laubblätter. Der fleischig verdickten Pfahlwurzel wird eine ähnliche Heilwirkung wie dem Ginseng nachgesagt. Temperaturen bis 4 °C werden toleriert.

Weitere bekannte Namen Surinam Spinat, Tu Ren Shen, Wasserblatt.

Herkunft Der Erdginseng stammt ursprünglich aus den karibischen Ländern Zentralamerikas.

Standort & Boden Mittelzehrer. Lockerer, frischer und humoser Boden. Warmer und sonniger bis halbschattiger Standort. Gut geeignet als hübsche Zierpflanze im großen Kübel.

Wasserbedarf Niedriger Wasserbedarf.

Anzucht Vorkultur ab Ende April im Haus bei 15–22 °C, Samen 1 cm tief in Aussaatschalen geben und nach der Keimung einzeln in Anzuchttöpfe pikieren.

Auspflanzen Ab Mitte Mai bis Anfang Juni ins Freiland setzen, Boden mit Kompost vorbereiten. Pflanzabstand 40 x 40 cm. Benötigt eine Rankhilfe. Kübelkultur möglich.

Pflege Pflegeleicht. Boden mulchen und feucht halten. Regelmäßig mit organischem Flüssigdünger düngen. Kübelpflanzen oder ausgegrabene Pflanzen können nach Rückschnitt hell und kühl bei 5–10 °C überwintert werden.

Blüte Blüht ab Juni. Blüten zwittrig, winzig, kräftig rosa, öffnen sich nachmittags und schließen sich wenige Stunden später wieder. Fremdbestäubung durch Insekten. Rote, kugelige Kapselfrüchte mit vielen flachen, dunklen Samen.

Ernte Junge Blätter werden ca. 2 Monate nach der Aussaat geerntet, solange die Pflanze noch nicht blüht.

Vermehrung Gelingt gut über Ableger. Stecklinge ab August schneiden und im Wasserglas bewurzeln lassen. Samen können aus den trockenen Kapseln gewonnen werden. Häufig Selbstaussaat.

Mischkultur-Partner Gut zum Beschatten von anderen Kulturen.

Verwendung Die Blätter des Erdginseng eignen sich roh sehr gut als Salatzugabe. Sie können auch gekocht und wie Spinat verwendet werden. Die dekorativen Blütenstände und Fruchtkapseln machen sich gut in Blumensträußen.

Blüten

Erdginseng

Talinum paniculatum

Familie: Portulakgewächse (Talinaceae)

Mehrjährig, wärmeliebend

Erdnuss

Arachis hypogaea

Familie: Hülsenfrüchtler (Fabaceae)

Einjährig, wärmeliebend

Steckbrief Krautig wachsende Hülsenfrucht. Behaarte Stängel aufrecht oder liegend, 40–80 cm lang. Paarig gefiederte Laubblätter aus 4 ganzrandigen und eiförmigen Einzelblättern, Blattflächen behaart. Tiefwurzler, Wurzeltiefe ca. 50 cm. Sehr hoher Eiweißgehalt.

Weitere bekannte Namen Aschanti, Kamerunnuss, Spanische Nüssli.

Herkunft Die Erdnuss stammt ursprünglich aus den peruanischen Anden.

Standort & Boden Schwachzehrer. Lockerer, gut durchlässiger, sandiger und nährstoffarmer Boden. Warmer und sonniger Standort. Auch für Hochbeete oder Kübel geeignet.

Wasserbedarf Regelmäßige Wasserversorgung, Substrat antrocknen lassen. Staunässe vermeiden.

Aussaat Ab April an einem warmen und hellen Standort bei 22–25 °C Samen einzeln in Anzuchttöpfe oder Multitopfplatten säen, vorher 12 Stunden vorquellen lassen, Saattiefe 1 cm. Vor dem Auspflanzen 1–2 Wochen abhärten.

Auspflanzen Ab Mitte Mai nach den Eisheiligen. Pflanzabstand 20 x 20 cm.

Pflege Jungpflanzen vor Vogelfraß mit einem Vlies oder Insektenschutznetz schützen. Nicht düngen. Boden unkrautfrei halten.

Blüte Gelbe Schmetterlingsblüten ab Mai, selbstbefruchtend. Blüten senken sich nach der Befruchtung ab, bohren sich in die oberste lockere Bodenschicht und bilden dort die Erdnüsse.

Ernte Von der Aussaat bis zur Ernte benötigen Erdnüsse ca. 16 Wochen, geerntet wird, wenn das Laub gelb wird. Die ganzen Pflanzen mit einer Grabegabel ausgraben, Erdnüsse abbrechen und 1–2 Wochen an einem luftigen Ort oder für 20 min im Backofen bei 120–150 °C trocknen lassen.

Vermehrung Über Samen unbehandelter Erdnüsse.

Verwendung Die Erdnuss wird weltweit hauptsächlich zur Ölherstellung angebaut. Im Supermarkt ist sie nur in gerösteter Form zu haben. Es lohnt sich daher, den echten Geschmack der Erdnuss durch eigenen Anbau kennenzulernen. Erdnüsse passen zu vielen Gerichten der asiatischen Küche, aber auch zu Salaten oder Desserts.

Erdnusspflanze mit Wurzeln

Gurke

Cucumis sativa

Familie: Kürbisgewächse (Cucurbitaceae)

Einjährig, wärmeliebend

Steckbrief Nicht winterhartes, einjähriges, krautiges Fruchtgemüse, das mit Kürbissen und Melonen verwandt ist. Am Boden kriechend oder kletternd, mit 1–5 m langen rankenden Trieben, behaart. Blätter kleiner als bei Kürbispflanzen, beidseitig behaart. Frucht je nach Sorte unterschiedlich groß, mit glatter oder rauer Oberfläche. Saftiges Fruchtfleisch mit hohem Wassergehalt.

Weitere bekannte Namen Gartengurke, Kukumer.

Herkunft Die Gurken stammen wahrscheinlich von der Wildform *Cucumis hardwickii* aus Indien ab, wo man sie schon vor 3000 Jahren kultivierte.

Standort & Boden Starkzehrer. Humusreicher, tiefgründiger und lockerer Boden. Sonniger bis halbschattiger, windgeschützter Standort. Ideal auf Hügelbeeten, am Rand von Kraterbeeten, im Hochbeet oder in Kübeln.

Wasserbedarf Hoch; gleichmäßig mit Wasser versorgen, Tröpfchenbewässerung empfehlenswert.

Aussaat Voranzucht im Haus ab Ende April/Anfang Mai bei 24–30 °C. Samen einzeln ca. 1–2 cm tief in kleine Töpfe oder Multitopfplatten mit Gartenerde säen. Am besten noch einen zweiten Satz Mitte Mai aussäen, damit man länger Gurken ernten kann.

Auspflanzen Gut abgehärtete Jungpflanzen mit mindestens 4 Laubblättern nicht unter 15 °C Bodentemperatur nach draußen pflanzen, Pflanzabstand ca. 100–150 cm. Boden mit Urgesteinsmehl und Kompost vorbereiten, gut mulchen. Entweder flach auf dem Boden liegend wachsen lassen oder an einer Rankhilfe aufleiten.

Pflege Bei Temperaturen unter 15 °C unbedingt mit Vlies abdecken. Boden gut mulchen. Regelmäßig mit organischem Flüssigdünger oder Pflanzenjauche düngen. Pflanzen nicht von oben über Blätter und Früchte gießen. Bei Kultur in Kübeln diese bei großer Hitze in den Halbschatten stellen.

Blüte Kleine, gelbe eingeschlechtliche Blüten, männliche und weibliche an einer Pflanze.

Ernte Gurken können ungefähr 10–12 Wochen nach der Aussaat, ab Juli fortlaufend geerntet werden. Meistens setzt den Pflanzen das Wetter zu und beendet die Saison vorzeitig. Bei Hitze und Trockenheit nimmt der Echte Mehltau überhand, während anhaltende Feuchtigkeit oder stark schwankende Temperaturen zwischen Tag und Nacht zu Falschem Mehltau führen. Damit endet die Ernte oft schon gegen Ende August.

Vermehrung Über Samen. Am besten neues Saatgut kaufen, da Verkreuzung mit anderen Kürbisgewächsen möglich.

Mischkultur-Partner Gurken können als Bodendecker unter Mais und Sonnenblumen wachsen. Am Rankgerüst gezogene Pflanzen sind geeignet, um Kulturen wie Salate, Radieschen und Kohlrabi zu beschatten.

Empfehlenswerte Sorten
'La Diva': Minigurke mit ca. 20 cm langen, glattschaligen Früchten; robust gegen Echten Mehltau.
'Tanja': Landgurke, 20 cm lang, leicht bestachelt, frei von Bitterstoffen.
'Gundel': Hoher Ertrag, gute Blattgesundheit; bildet auch bei extremer Trockenheit keine Bitterstoffe.

Verwendung Gurken werden hauptsächlich als Rohkost gegessen. Wenn die Gurken schon etwas zu groß geworden sind, können sie geschält und ohne Kerne als Schmorgurken in der Pfanne zubereitet werden.

Gurke 'Gundel'

Gurke 'Tanja'

Steckbrief Nicht winterharte, krautige Hülsenfrucht. Behaarte Stängel aufrecht, bis 1 m hoch, oder liegend, verzweigt. Wechselständige, gefiederte Laubblätter mit gezähntem Rand. Tiefwurzler. Sehr hoher Eiweißgehalt, gilt als Superfood.

Weitere bekannte Namen Echte Kicher, Römische Kicher, Venuskicher oder Felderbse.

Herkunft Die heute angebaute Kichererbse stammt wahrscheinlich von einer Wildform ab. Die ältesten Fundstücke sind über 8000 Jahre alt und stammen aus Kleinasien. Sie wurde später im Mittelmeerraum, im Vorderen Orient und in Indien kultiviert. In Deutschland gehen erste Empfehlungen zur Verwendung der Kichererbse auf Hildegard von Bingen zurück.

Standort & Boden Schwachzehrer. Lockerer, gut durchlässiger und nährstoffarmer Boden. Warmer und sonniger Standort. Auch für Hochbeete oder den geschützten Bereich von Kraterbeeten geeignet.

Wasserbedarf Sehr trockenheitsverträglich, benötigt kaum Wasser.

Aussaat Ab Ende April an einem warmen und hellen Standort je ein Samen in Anzuchttöpfe oder Multitopfplatten säen, vorher 12 Stunden vorquellen lassen, Saattiefe 3–4 cm. Vor dem Auspflanzen 1–2 Wochen abhärten. Direktsaat ab Mitte Mai im Freiland ab 20–28 °C, nicht unter 18 °C.

Auspflanzen Ab Mitte Mai nach den Eisheiligen. Pflanzabstand 20 cm in der Reihe, 30 cm zwischen den Reihen.

Pflege Jungpflanzen vor Spätfrösten und Vogelfraß mit Vlies oder Insektenschutznetz schützen. Nicht düngen. Boden unkrautfrei halten.

Blüte Violette Schmetterlingsblüten, aus denen sich ovale, aufgeblasene Hülsen mit 1–2 Samen bilden, einzeln oder zu zweit an einem längeren Stiel.

Ernte Von der Aussaat bis zur Ernte benötigen Kichererbsen ca. 8–12 Wochen. Am besten die Pflanze an der Basis komplett abschneiden und später die Hülsen abernten. Grüne Hülsen können wie Bohnen verwendet werden. Noch nicht ganz reife Hülsen können nachreifen, wenn die Pflanzen zum Trocknen kopfüber aufgehängt werden.

Vermehrung Über Samen.

Mischkultur-Partner Tomaten, Chili, Kohl, Karotten, Gurken, Salate, Sellerie, Zucchini.

Verwendung Kichererbsen sind v. a. in der vegetarischen und veganen Küche sehr beliebt. Vor dem Kochen müssen sie für 12 Stunden in Wasser eingeweicht werden. Die Kochzeit beträgt ca. 30 min. Gegarte Kichererbsen kann man für Hummus (Kichererbsenpüree), Currys oder Suppen verwenden. Baut man Kichererbsen selbst an, lohnt sich auch das Ziehen von vitaminreichen Kichererbsensprossen, was 2–4 Tage dauert. Sie dürfen nicht roh gegessen werden, da sie das giftige Phasin enthalten. Fünfminütiges Blanchieren genügt.

Blüte

Keimlinge

Kichererbse

Cicer arietinum

Familie: Hülsenfrüchtler (Fabaceae)

Einjährig, wärmeliebend

Steckbrief Nicht winterhartes Kürbisgewächs. Mindestens 3 m lang werdende Kletterpflanze mit Ranken. Gurkenähnliche, drei- bis fünffach gelappte Blätter, an der Unterseite stachelig. Dickschalige, ovale Früchte mit Stacheln, Fruchtfleisch mit zahlreichen Kernen.

Weitere bekannte Namen Horngurke, Hornmelone, Igelgurke, Afrikanische Stachelgurke, Zackengurke.

Herkunft Ursprünglich aus Zentral- und Südafrika stammend, kommen die bei uns angebotenen Früchte heute hauptsächlich aus Neuseeland und Israel.

Standort & Boden Nährstoffreicher, durchlässiger Boden. Sonniger, windgeschützter Standort. Gut geeignet für große Kübel, sehr gut als Sichtschutz an Zäunen, zum Beschatten von Nachbarkulturen.

Wasserbedarf Bis zum Anwachsen der Pflanzen regelmäßig gießen, später geringer Wasserbedarf.

Aussaat Ab April im Haus bei 22–24 °C vorziehen, 2–3 Samen ca. 1 cm tief in kleine Töpfe mit Gemüseerde geben. Keimlinge vereinzeln. Möglichst nicht pikieren.

Auspflanzen Ab Ende Mai, nach den Eisheiligen. Pflanzabstand 40 cm. Beet vorher gut mit Kompost versorgen. Eine Pflanze liefert oft schon zahlreiche Früchte.

Pflege Starkzehrer. Boden mulchen. Triebe an der Kletterhilfe anbringen. Mit organischem Flüssigdünger nachdüngen.

Blüte Eingeschlechtliche gelbe Blüten. Männliche und weibliche Blüten an einer Pflanze. Männliche in Büscheln an langen Stielen, weibliche einzeln.

Ernte Von der Aussaat bis zur Ernte vergehen ca. 4 Monate. Mitte/Ende August sind meistens die ersten jungen Früchte erkennbar. Einen Monat nach der Befruchtung erreichen die Früchte ihre Endgröße und reifen dann von grün zu gelblich orange aus. Grün geerntete Früchte reifen im Haus nach und sind einige Monate lagerfähig. Nicht im Kühlschrank lagern.

Vermehrung Über Samen.

Mischkultur-Partner Erbsen, Buschbohnen, Zwiebeln, Kopfsalat.

Verwendung Die Kiwano wird längs oder quer aufgeschnitten und wie eine Kiwi ausgelöffelt. Fruchtfleisch und Kerne sind essbar. Ausgehöhlte Früchte eignen sich sehr gut zum Füllen für Desserts. Wenn die Kerne stören, kann das Fruchtfleisch durch ein Sieb gegeben werden. Es passt gut in Smoothies, Obstsalate oder Cocktails.

Fruchtansatz

Fruchtfleisch

Kiwano

Cucumis metuliferus

Familie: Kürbisgewächse (Cucurbitaceae)

Einjährig, wärmeliebend

Kürbis

Cucurbita spp.

Familie: Kürbisgewächse (Cucurbitaceae)

Einjährig, wärmeliebend

Steckbrief Einjähriges, krautiges Fruchtgemüse, niederliegend oder kletternd. Fortlaufendes Wachstum der Sprossachse, bis zu 10 m lang werdend, Ranken in den Blattachseln. Lang gestielte, glattrandige Blätter. Ausgeprägte Pfahlwurzel mit verzweigtem Wurzelsystem nahe der Oberfläche. Fortlaufende Fruchtbildung in den Blattachseln, Fruchtform sehr variantenreich.

Herkunft Gartenkürbisse sind ursprünglich in Südamerika beheimatet und wurden dort in Mischkultur mit Bohnen und Mais angebaut. Während bei uns zunächst nur der Kalebassen-Kürbis als Zierpflanze bekannt war, kam der kultivierte Gartenkürbis durch Kolumbus nach Europa.

Standort & Boden Starkzehrer. Liebt nährstoffreiche, humusreiche Böden. Vollsonniger, windgeschützter Standort. Staunässe vermeiden. Ideal als flächig wachsender Bodendecker (vor allem für großfruchtige Sorten), an Rankhilfen zur Beschattung anderer Kulturen geeignet.

Wasserbedarf Erhöhter Wasserbedarf durch hohe Blattmasse. Regelmäßig gießen, ein Erdwall um die Pflanze herum oder ein Tontopf neben der

Pflanze erleichtern das gezielte Bewässern des Wurzelraums. Sobald der Kürbis die volle Größe erreicht hat, werden trockene Phasen toleriert.

Aussaat Nicht zu früh, im Haus ab Mitte/Ende April, Keimtemperatur 15–18 °C, je 2 Korn in Aussaattöpfe säen, Saattiefe 2 cm, direkt in Gartenerde (keine Anzuchterde) säen. Auf eine Pflanze vereinzeln. Direktsaat im Freiland ab Anfang Mai.

Auspflanzen Ab Mitte Mai, frostempfindlich. Platzbedarf ca. 1 x 1 m. In gut mit verrottetem Mist, Kompost und organischem Langzeitdünger vorbereitetes Beet, Hochbeet, Hügelbeet pflanzen oder direkt auf ein Kompostbeet.

Blüte Kürbisse haben gelbe eingeschlechtliche Blüten, männliche und weibliche stehen an einer Pflanze. Die männlichen Blüten erkennt man gut am langen Stiel und dem fehlenden Fruchtknoten am Blütenansatz. Kaltes, nasses Wetter, aber auch Nährstoff- und Wassermangel können verstärkt zur Ausbildung männlicher Blüten führen.

Pflege Hoher Nährstoffbedarf, regelmäßig organisch (kaliumhaltig) düngen, gut geeignet ist Beinwell- oder Brennnesseljauche. Jungpflanzen anbinden und gut vor Schnecken schützen. Immer von unten gießen, Blätter beim Gießen nicht benetzen. Boden mit Stroh oder Schafwolle mulchen, als Schneckenschutz ist Miscanthusmulch ideal. Zu lange Ranken können nach dem Fruchtansatz gekürzt werden.

Ernte Ab September/Oktober reifen die meisten Kürbisse und können geerntet werden. Der Stiel sollte verholzt sein, reife Kürbisse hören sich beim Klopfen hohl an. Voll ausgereifte Kürbisse können längere Zeit kühl und trocken gelagert werden. Fast vollständig ausgereifte Kürbisse kann man bei Zimmertemperatur nachreifen lassen.

Vermehrung Da es leicht zur Verkreuzung mit anderen Sorten oder mit giftigen Zierkürbissen kommt, sollte man Saatgut lieber jedes Jahr neu kaufen. Zur sortenechten Gewinnung von Saatgut weibliche Blüten kurz vor dem Aufblühen verhüllen und von Hand bestäuben. Aus dieser Frucht kann das Saatgut zur Vermehrung verwendet werden.

Mischkultur-Partner Gute Partner für flächig wachsende Kürbisse sind Mais und Stangenbohnen (Milpa-Beet), bei ausreichend Platz auch Zwiebeln, Lauch, Spinat, Rote Bete.

Empfehlenswerte Arten und Sorten
Hokkaido in Sorten *(Cucurbita maxima)*: Mittelgroß, rund, Schale und Fruchtfleisch orange.
Speisekürbis *(Cucurbita maxima)* **'Green Jugin':** Mittelgroß, leicht spitz am Blütenansatz, Schale grün, Fruchtfleisch gelb.
Moschuskürbis *(Cucurbita moschata)* **'Butternut Waltham':** Birnenförmig, gelb-oranges Fruchtfleisch, wenig Kerne.

Verwendung Ein Klassiker ist die Kürbissuppe, die durch Zugabe von Ingwer, Curry, Chili und Kokosmilch eine asiatische Note bekommt. Das feste Fruchtfleisch eignet sich aber auch als Backofengemüse oder als süßes Dessert.

Hokkaido-Kürbis 'Red Kuri'

Speisekürbis 'Green Jugin'

Litschi-Tomate

Solanum sisymbriifolium

Familie: Nachtschattengewächse (Solanaceae)

Mehrjährig, wärmeliebend

Steckbrief Nicht winterhartes Fruchtgemüse, bei uns meistens einjährig kultiviert. Aufrecht wachsende krautige Pflanze, ca. 1,5–2 m hoch, verzweigt. Ganze Pflanze stark bestachelt und klebrig behaart. Die runden, roten Früchte ähneln im Aussehen einer Mischung aus Cherrytomate und Physalis. Geschmack wie eine Mischung aus Kirschen und Physalis.

Weitere bekannte Namen Raukenblättriger Nachtschatten, Klebriger Nachtschatten.

Herkunft Die Litschi-Tomate stammt ursprünglich aus den tropischen Gegenden Mittel- und Südamerikas. In Europa wurde die Art erstmalig im 18. Jh., vor allem wegen der unzähligen Stacheln, als Besonderheit in botanischen Gärten angepflanzt.

Standort & Boden Starkzehrer. Humusreicher, tiefgründiger und lockerer Boden. Sonniger, windgeschützter Standort. Sehr gut für Kübel und Hochbeete geeignet. Auf genügend Abstand zu Wegen achten, da die Pflanze sehr stachelig ist.

Wasserbedarf Hoch; gleichmäßig mit Wasser versorgen.

Aussaat Kultivierung wie Tomaten, im Haus ab Anfang April ca. 1 cm tief in Aussaatschalen säen und in kleine Töpfe oder Multitopfplatten pikieren.

Auspflanzen Gut abgehärtete Jungpflanzen frühestens nach den Eisheiligen Mitte Mai nach draußen pflanzen. Boden mit Urgesteinsmehl und Kompost vorbereiten. Pflanzabstand ca. 100 cm. Möglichst nicht ins Gewächshaus pflanzen, da dort mehr Blätter, aber weniger Früchte gebildet werden.

Blühende Jungpflanze

Geschlossene Fruchtkapseln

Pflege Sehr pflegeleicht, wenn genügend Wasser zur Verfügung steht. Boden gut mulchen. Pflanze anbinden, da sie sehr groß wird. Triebe nur bei Bedarf kürzen, Ausgeizen nicht erforderlich.

Blüte Selbstfruchtbare zwittrige Blüten mit weißen oder blauen Kron- und auffälligen gelben Staubblättern. Traubenförmige Blütenstände.

Ernte Sobald die Früchte rot sind, können sie geerntet werden. Meistens reifen sie ab Anfang September.

Vermehrung Über Samen ausgereifter Früchte.

Mischkultur-Partner Ähnliche Partner wie bei Tomaten, jedoch wegen Bestachelung lieber in Einzelstellung pflanzen.

Verwendung Litschi-Tomaten können wie Tomaten und Physalis roh gegessen und für Süßspeisen, Desserts und Marmeladen verwendet werden. Die Pflanzen sind sehr robust und bekommen keine Kraut- und Braunfäule. Daher werden sie gerne als Veredelungsunterlage für Tomaten verwendet.

Steckbrief Nicht winterhartes Fruchtgemüse, bei uns meistens einjährig kultiviert. Ca. 2–2,5 m hoch werdende, schraubenförmig um eine Kletterhilfe windende Kletterpflanze mit Ranken. Blätter dreilappig. Kleine, ovale, ca. 2,5 cm große Früchte mit gurkenähnlichem, frisch-säuerlichem Geschmack, Schale gemustert wie eine Wassermelone. Bildet eine Speicherwurzel, die frostfrei überwintert werden kann.

Weitere bekannte Namen Cucamelon, Gurkenmelone, Melothria.

Herkunft Mexiko, Südamerika.

Standort & Boden Nährstoffreicher, durchlässiger Boden. Sonniger, windgeschützter Standort. Gut geeignet für Kübel, Hochbeete, an Rankgerüsten oder Stangen, auch Pflanzung in Hängeampeln.

Wasserbedarf Mäßige Wasserversorgung, nicht zu nass. Durch Speicherwurzeln tolerant gegenüber Trockenheit.

Aussaat Ab März im Haus bei 18–25 °C vorziehen: 2–3 Samen 1 cm tief in kleine Töpfe mit Gemüseerde geben. Möglichst nicht pikieren, besser vereinzeln, da die Jungpflanzen sehr empfindlich reagieren. Vor dem Auspflanzen gut abhärten.

Auspflanzen Sehr frostempfindlich, ab Mitte Mai nach den Eisheiligen. Pflanzabstand 40 x 40 cm. 2 Pflanzen erhöhen den Ertrag.

Pflege Beet vor der Pflanzung gut mit Kompost versorgen, Boden mulchen, Kletterhilfe anbringen. Im Herbst die Stängel einkürzen und Speicherwurzel ausgraben, in feuchtem Sand kühl und frostfrei überwintern.

Blüte Kleine gelbe Blüten eingeschlechtlich, männliche und weibliche an einer Pflanze. Selbstfruchtbar.

Ernte Regelmäßig von Juli bis Oktober einzelne Früchte ernten, solange sie noch grün und knackig sind.

Vermehrung Über Samen, die im Herbst aus ausgereiften, gelben Früchten entnommen werden können.

Mischkultur-Partner Erbsen, Bohnen, Zwiebeln, Kopfsalat.

Verwendung Die kleinen knackigen Früchte können roh gegessen werden. Besonders Kinder lieben dieses hübsche Mini-Naschgemüse, wenn sie es selbst ernten dürfen. Mini-Gurken können in Scheiben geschnitten und roh in Salate gegeben werden, als Schmorgurken gekocht oder wie Gewürzgurken sauer eingelegt werden.

Mexikanische Minigurke

Melothria scabra

Familie: Kürbisgewächse (Cucurbitaceae)

Mehrjährig, wärmeliebend

Steckbrief Nicht winterharte Blattgemüsepflanze, die im Sommer eine Alternative für den um diese Jahreszeit weniger geeigneten Spinatanbau ist. Schießt auch bei höheren Temperaturen nicht. Wächst mit bis zu 1 m langen Ausläufern flächig in die Breite. Hellgrüne, dreieckige, fleischige Laubblätter. Kleine flüssigkeitsgefüllte Bläschen an Blättern und Stängeln.

Weitere bekannte Namen Botany Bay greens.

Herkunft Der Neuseeländer Spinat kommt ursprünglich an den Küsten Australiens, Neuseelands und Tasmaniens vor und wächst gut auf salzhaltigen Böden. Als Kulturpflanze wurde er zunächst in Japan und Amerika angebaut. Seefahrer brachten ihn im 18. Jahrhundert über England nach Europa.

Standort & Boden Mittelzehrer. Humoser, lockerer, sandig-lehmiger Boden. Sonniger bis halbschattiger Standort. Ideal als Bodendecker unter hohen Pflanzen, in Hochbeeten, in Balkonkästen.

Wasserbedarf Gleichmäßige Wasserversorgung, verträgt gelegentliche Trockenheit.

Aussaat Vorkultur ab März an einem warmen Standort bei 20 °C, 2–3 Samen in Aussaattöpfe oder Multitopfplatten säen, Saattiefe 2–3 cm, auf den stärksten Sämling vereinzeln. Vorquellen der Samen für 24 Stunden im Wasser erhöht die Keimrate.

Auspflanzen Erst nach den Eisheiligen ab Mitte Mai ins Freiland pflanzen. Pflanzabstand 50 x 50 cm.

Pflege Nach dem Auspflanzen regelmäßig auf Unkraut kontrollieren, Boden mulchen. Junge Pflanzen entspitzen, um Verzweigungen anzuregen.

Blüte Kleine gelbe Blüten von August bis September. Selbstbefruchter. Samen kantig.

Ernte Die Blätter werden wie Pflücksalate fortlaufend von außen nach innen geerntet und wachsen von der Mitte her nach.

Vermehrung Über Samen. Selbstaussaat möglich.

Mischkultur-Partner Keine besonderen Ansprüche. Tomaten profitieren von der guten Bodenbedeckung des Neuseeländer Spinats.

Verwendung Junge Blätter können roh als Salat genutzt werden. Ältere Blätter können gekocht und wie Spinat verwendet werden.

Neuseeländer Spinat

Tetragonia tetragonioides

Familie: Mittagsblumengewächse (Aizoaceae)

Einjährig, wärmeliebend

Okinawa-Spinat

Gynura crepioides

Familie: Korbblütler (Asteraceae)

Mehrjährig, wärmeliebend

Steckbrief Nicht winterhartes, mehrjährig wachsendes Blattgemüse. Aufrecht, verzweigt wachsend, 50–100 cm hoch. Längliche grüne, leicht sukkulente Blätter mit purpurfarbener Unterseite. Rasches Wachstum bei über 20 °C. Wird als Gemüse- und Zierpflanze angebaut. Blätter mit nussigem Aroma.

Weitere bekannte Namen Handama.

Herkunft Der Okinawa-Spinat kommt ursprünglich aus Indonesien und ist auf den südlichen Inseln Japans eine sehr beliebte Gemüsepflanze. Im gesamten asiatischen Raum wird Handama in kleinen Bündeln auf Märkten verkauft.

Standort & Boden Schwachzehrer. Lockerer, humoser Boden. Warmer und sonniger bis halbschattiger Standort. Staunässe vermeiden. Gut geeignet für große Kübel und Hochbeete.

Wasserbedarf Mäßiger Wasserbedarf.

Anzucht Im August ca. 10 cm lange Stecklinge für das Folgejahr schneiden, im Wasserglas bewurzeln lassen und frostfrei überwintern. Stecklingsgewinnung ist auch im Frühjahr von frisch ausgetriebenen älteren Pflanzen möglich.

Auspflanzen Ab Mitte Mai nach den Eisheiligen.

Pflege Pflegeleichte Pflanze, die wenig Wasser benötigt. Regelmäßig mit organischem Flüssigdünger düngen. Zurückschneiden, wenn lange Zeit nicht geerntet worden ist, um neues Triebwachstum anzuregen. Bei ca. 5–15 °C überwintern.

Blüte Kommt bei regelmäßiger Ernte nicht zur Blüte. Bei nicht geschnittenen Zierpflanzen erscheinen orange löwenzahnähnliche Blüten.

Ernte Alle 2–3 Wochen die jungen, ca. 10 cm langen Triebe schneiden und Blätter abstreifen.

Vermehrung Am besten über Stecklingsanzucht ab August, da Samen kaum ausgebildet werden und auch keine sortenechten Pflanzen ergeben. Dafür werden ca. 10 cm lange Stecklinge im Wasserglas bewurzelt.

Mischkultur-Partner Eignet sich gut als Bodendecker für Tomaten, Mais und Stangenbohnen.

Verwendung Der Okinawa-Spinat ist eine dekorative Salatzugabe. Die Blätter können auch gekocht und wie Spinat verwendet werden. Nur ganz kurz kochen (1–3 min), damit die Konsistenz nicht zu breiig wird. Ideal geeignet für asiatische Wokgerichte. Besonders gesund soll eine Teezubereitung aus den Blättern sein.

Blätter mit purpurfarbener Unterseite

Nach starkem Rückschnitt

Steckbrief Nicht winterhartes Fruchtgemüse, bei uns meistens einjährig kultiviert. Strauchartiger aufrechter Wuchs, bis 2,50 m hoch. An den Knotenpunkten der Stängel ca. 35 cm große, spiralig angeordnete Blätter. Fünf- bis siebeneckige, spitz zulaufende, grüne (selten auch rötliche) Kapselfrüchte mit feinem Flaum, mit der Spitze nach oben wachsend, 10–20 cm lang. Mit ca. 50–100 perlenartigen, weißen Samen, 4–6 mm groß. Tiefwurzler.

Weitere bekannte Namen Gemüse-Eibisch, Gombo, Ägyptische Bohne, Ladyfinger (Indien).

Herkunft Okra zählen zu den ältesten Gemüsepflanzen der Welt, sie wurden bereits vor mehr als 3000 Jahren von den alten Ägyptern angebaut. Ursprünglich stammen sie wahrscheinlich aus dem Äthiopischen Hochland. Das Hauptanbaugebiet ist Indien. Bei uns erhält man Früchte meistens nur in Asialäden, weshalb sich der eigene Anbau besonders lohnt.

Standort & Boden Keine besonderen Bodenansprüche. Sonniger, warmer Standort. Ideal auf geschützter Terrasse oder Balkon mit Südseite im großen Kübel, im Weinbauklima im Freiland, Kraterbeet, Hochbeet, in kälteren Regionen geschützter Anbau im Gewächshaus empfehlenswert. Zur Beschattung niedriger Kulturen geeignet.

Wasserbedarf Gleichmäßige Wasserversorgung; hoher Wasserbedarf.

Aussaat Dunkelkeimer. Aufgrund der zunächst langsamen Entwicklung zeitig mit der Aussaat beginnen. Ab Anfang/Mitte März ca. 1–2 cm tief in Aussaatschalen säen, zur Keimbeschleunigung 24 h in lauwarmem Wasser vorquellen lassen, gut feucht halten, Schalen hell und luftfeucht bei 22–24 °C aufstellen. In Multitopfplatten oder kleine Töpfe vereinzeln. Gut abhärten vor dem Auspflanzen, nur bei geeignetem, warmem Wetter nach draußen stellen.

Auspflanzen Frühestens ab Mitte Mai, nach den Eisheiligen, besser Ende Mai bis Juni, da frostempfindlich. Pflanzabstand 30 cm in der Reihe, 60 cm zwischen den Reihen.

Pflege Starkzehrer mit hohem Nährstoffbedarf, regelmäßig nachdüngen mit organischem Flüssigdünger (Hornmehl, Pflanzenjauche). Jungpflanzen mit Vlies abdecken, evtl. Anbinden erforderlich. Ab 20 cm Höhe Spitze kappen, um Verzweigung anzuregen. Bei Kübelkultur Pflanzen zur Überwinterung zurückschneiden und an einen frostfreien Platz stellen.

Blüte Malvenartige, kurz gestielte cremefarbige oder purpurne dekorative Blüten, in der Mitte rötlich.

Ernte Von August bis September, ab ca. 2 Wochen nach dem Verblühen. Möglichst in jungem Zustand ernten, da die Schoten sonst verholzen und zäh werden. Regelmäßiges Pflücken fördert die Neubildung der Früchte.

Vermehrung Über Samen. Ab Juli einige Schoten an der Pflanze belassen, damit die Samen gut ausreifen können.

Mischkultur-Partner Mairübe, Erbsen.

Empfehlenswerte Sorten
Grüne Früchte: 'Sonnenliebe'.
Rote Früchte: 'Red Burgundy', 'Red Velvet'.
Grün-rote Früchte: 'Alabama Okra'.
Besonders lange, grüne Früchte: 'Santa Cruz'.

Verwendung Die bohnenähnlichen Früchte sind roh essbar. Vor der Zubereitung den Flaum auf den Schoten mit einer Gemüsebürste und Wasser entfernen und den Stielansatz abschneiden. Beim Kochen mit Wasser wird die Konsistenz schleimig. Das magenfreundliche Gemüse ist daher nicht jedermanns Sache. Man kann diese Schleimbildung umgehen, indem man die Okra vorher 1–2 h in kaltes Zitronenwasser legt oder in Essigwasser blanchiert. Die Okra können in Scheiben geschnitten oder im Ganzen gebraten und frittiert werden.

Aufgeschnittene Okra

Okra

Abelmoschus esculentus

Familie: Malvengewächse (Malvaceae)

Mehrjährig, wärmeliebend

Steckbrief Zweijährige Blattkohlpflanze. Wuchshöhe bis zu 3 m. Blätter 60–80 cm lang und 8–10 cm breit, dunkelgrün bis schwarzgrün, bogenförmig gewölbt. Kann über einen langen Zeitraum vom Sommer bis November oder Februar des 2. Jahres geerntet werden, wenn der Winter mild ist. Leichte Fröste werden vertragen.

Weitere bekannte Namen Schwarzkohl, Toskanischer Kohl.

Herkunft Palmkohl wurde bereits zur Römerzeit angebaut und ist vermutlich ein Vorfahr vieler anderer Blattkohlarten wie z. B. Rosenkohl oder Grünkohl. Heute wird er überwiegend in Norditalien, speziell in der Toscana, angebaut.

Standort & Boden Starkzehrer. Liebt nährstoffreiche, mittelschwere bis schwere humusreiche Böden. Standort volle Sonne bis Halbschatten, windgeschützt. Auch gut geeignet als Einzelpflanze in großem Kübel.

Wasserbedarf Normal, regelmäßig wässern.

Aussaat Im Haus ab Ende März, je 2 Korn in die Zellen der Multitopfplatten oder in Aussaattöpfe. Keimtemperatur 15–18 °C. Aussaat im Freiland ab Ende April.

Auspflanzen Ab Mitte Mai, da Jungpflanzen frostempfindlich sind. Platzbedarf ca. 50 x 50 cm. Unmittelbar mit Gemüseschutznetz abdecken.

Pflege Hoher Nährstoffbedarf, daher regelmäßig organisch düngen. Boden gut mulchen. Bei Frost mit Vlies abdecken.

Blüte Im 2. Jahr erscheinen nach milden Wintern im Frühjahr kleine, gelbe Blüten.

Ernte Blätter regelmäßig von unten nach oben entfernen. Daraus resultiert mit der Zeit das palmenähnliche Erscheinungsbild, dem die Varietät ihren Namen verdankt. Die untersten Blätter sollten nicht zu lange an der Pflanze bleiben, da sie schnell hart und faserig werden.

Vermehrung Über Samen.

Mischkultur-Partner Aubergine, Paprika, Tomate, Kopfsalat, Endivien, Spinat, Gurken (Einlegegurken, flächig wachsende Sorten), Postelein, Portulak, Sellerie, Karotten, Pastinaken, Bohnen, Erbsen.

Verwendung Palmkohl ist im Geschmack milder als Grünkohl und benötigt anders als dieser keinen Frost. In Italien werden die Blätter gerne für Gemüsesuppen verwendet. Ein typisches toskanisches Rezept ist die Ribollita, die ursprünglich der Gemüse-Resteverwertung diente. In Portugal bereitet man mit Palmkohl gerne die Caldo verde zu, eine grüne Suppe mit Knoblauch, Zwiebeln und Kartoffeln. Sehr gut eignen sich die jungen Blätter für Salate.

Jungpflanze

Blätter

Palmkohl

Brassica oleracea var.
palmifolia

Familie: Kreuzblütler
(Brassicaceae)

Zweijährig, kältetolerant

Paprika, Chili

Capsicum annum

Familie: Nachtschattengewächse (Solanaceae)

Mehrjährig, wärmeliebend

Steckbrief Sommergrüne, nicht winterharte mehrjährige Pflanze, bei uns meistens einjährig kultiviert. Sparrig verzweigtes Kraut, 1,5–2 m hoch werdend. Längliche ovale Blätter. Blüten einzeln in den Blattachseln der Verzweigungen. Je älter die Pflanze ist, umso mehr Blüten kann sie bilden. Wurzeln bis zu 60 cm tief und 30–40 cm um die Pflanze.

Weitere bekannte Namen In Abhängigkeit vom Schärfegrad auch bekannt als Chili, Spanischer Pfeffer, Peperoni, Peperoncini oder Pfefferoni.

Herkunft Paprika in seiner Urform stammt aus Mittel- und Südamerika, wo verschiedene sehr alte Fundstätten nachgewiesen werden konnten. Aus einer kleinen sehr scharfen Schote von ca. 1 cm im Durchmesser entstanden durch Selektion und Kreuzung über 1000 verschiedene *Capsicum*-Sorten. 1493 brachte Kolumbus Kerne nach Spanien, wo die Pflanze unter dem Namen «Spanischer Pfeffer» angebaut wurde. Im Laufe der Zeit brachten Botaniker immer mehr verschiedene Paprikasorten nach Europa. Heute werden Paprika und Chili weltweit in tropischen und gemäßigten Zonen angebaut. In unserer Region stammen zum Verkauf angebotene Schoten meistens aus geschütztem Anbau im Gewächshaus.

Standort & Boden Starkzehrer. Lockerer, humoser Boden. Warmer und sonniger Standort. In kalten Regionen ins Gewächshaus pflanzen. Ideal als Kübelkultur im Freiland.

Wasserbedarf Gleichmäßige Wasserversorgung, besonders zur Blütezeit. Später werden bei gutem Wurzelwachstum trockene Perioden toleriert.

Anzucht Aussaat zeitig ab Mitte Februar bis Mitte März im Haus bei 22–26 °C. Einzeln in kleine Töpfe oder Multitopfplatten mit Anzuchterde säen, Saattiefe 0,5–1 cm. Kräftige Sämlinge in kleine Töpfe mit Gartenerde umsetzen und bis Mitte Mai gut abhärten oder direkt ins Gewächshaus pflanzen.

Auspflanzen Jungpflanzen ab Mitte Mai im Abstand von 40 x 40 cm nach draußen pflanzen. Boden mit Kompost vorbereiten.

Pflege Boden gut mulchen und nicht um die Pflanze herum hacken. Bei Kälte mit Vlies abdecken. Alle 2 Wochen kaliumreich mit Flüssigdünger oder Pflanzenjauche düngen. Königsblüte (erste große Blüte) kann entfernt werden. Haupttrieb ab einer Höhe von 20–30 cm kappen, falls die Pflanze breiter wachsen soll. Kübel im Sommer halbschattig stellen, ab dem Spätsommer in die volle Sonne, um

Paprika 'Ference Tender'

Paprika 'Sweet Chocolate'

die Früchte zum Ausreifen zu bringen. Überwinterung von Chilipflanzen ist nach Rückschnitt im Herbst bei gutem Standort möglich (regelmäßig auf Schädlingsbefall kontrollieren).

Blüte Zwittrige, kleine weiße, grünliche oder violette fünfzählige Blüten. Selbstbefruchter.

Ernte Die erste Schote kann grün geerntet werden, um den Fruchtansatz zu fördern. Reife rote, orange oder gelbe Früchte schmecken süßer und aromatischer. Am besten mit einer Schere am Stiel abschneiden. Keine Nachreife möglich.

Vermehrung Gelingt über Samen voll ausgereifter bis überreifer Schoten samenfester Sorten.

Mischkultur-Partner Karotten, Petersilienwurzeln, Pastinaken, Knoblauch; ideal zur Beschattung von Salaten.

Empfehlenswerte Sorten
Paprika:
'Ference Tender': Frühreifender Spitzpaprika. Reift von hellgelb über orange bis rot ab.
'Pusztagold': Gelbe, frühreifende Sorte aus Ungarn.
'Roter Augsburger': Rote Sorte, frühreifend.
'Sweet Chocolate': Frühreifender Blockpaprika. Reift von dunkelgrün bis schokoladenbraun ab.

Chili:
'Joe's Long': Bis zu 30 cm lang und einer der längsten weltweit, sehr ertragreich, dünnwandig, mittlere Schärfe.
'Lila Luzi': Kleinfruchtige, scharfe Sorte mit purpurrotem Laub. Von violett über gelb auf rot abreifend.
'Victoria': Niedrig wachsende, scharfe Sorte mit aufrecht wachsenden Früchten. Von hellgelb über orange zu rot abreifend.
'Cherry Bomb': Kirschähnliche, runde Schoten mit milder Schärfe. Von grün bis rot abreifend.
'Criola Sella' (Sorte von *Capsicum baccatum*): Längliche, milde Sorte. Von hellgrün zu gelborange abreifend.
Glockenchili 'Jamaican Bell' (Sorte von *Capsicum baccatum*): Milde Sorte aus Brasilien, dekorativ.
'Trinidad Moruga Scorpion Red' (Sorte von *Capsicum chinense*): Platz 3 der schärfsten Chilis der Welt.

Verwendung Paprika werden sehr gerne als frischer Gemüsesnack gegessen und klein geschnitten in Salate und Bowls gegeben. Ein beliebtes Gericht der Balkanländer sind gefüllte Paprikaschoten mit Hack oder Reis. In Italien liebt man gegrillte und in Olivenöl eingelegte Paprika als Antipasti. Chili wird in Abhängigkeit vom Schärfegrad (Scoville-Skala 0–10) nur sparsam als Würzmittel für mediterrane oder asiatische Gerichte

Chili 'Criola Sella'

Chili 'Trinidad Moruga Scorpion Red'

Glockenchili 'Jamaican Bell'

verwendet. Besonders in Spanien und Mexiko liebt man viel Chili in Salsas und Dips. Überzählige Früchte können im Herbst getrocknet und pulverisiert werden. Das gelingt am schnellsten in einem Dörrgerät oder Backofen. Gut getrocknete Schoten können im Mixer, in einem Mörser oder einer Gewürzmühle gemahlen werden. Sehr dekorativ sind selbst gebundene Chili-Ristras.

Chili 'Cherry Bomb'

Pepino

Solanum muricatum

Familie: Nachtschattengewächse (Solanaceae)

Mehrjährig, wärmeliebend

Steckbrief Nicht winterhartes Fruchtgemüse, mehrjährig, bei uns meistens einjährig kultiviert. Aufrecht wachsende krautige Pflanze, ca. 1,5–2 m hoch werdend, verzweigt. Einfache ganzrandige Laubblätter, filzig behaart. Eiförmige gelbe, 10–20 cm große Früchte mit lila Streifen, geschmacklich an eine Mischung aus Melone und Birne erinnernd. Flachwurzler.

Weitere bekannte Namen Birnenmelone, Melonenbirne.

Herkunft Die Heimat der Pepino sind die peruanischen Anden, wo die Pflanze schon seit mehr als 2000 Jahren kultiviert wird.

Standort & Boden Starkzehrer. Humusreicher, tiefgründiger und lockerer Boden. Windgeschützter Standort, halbschattig. Möglichst nicht in pralle Sonne pflanzen, da Pepinos am besten zwischen 18 und 25 °C fruchten. Sehr gut geeignet für Kübel, Gewächshaus und Freiland, ebenso für Hochbeete und Hängeampeln.

Wasserbedarf Hoch, gleichmäßig mit Wasser versorgen.

Aussaat Voranzucht im Haus, sehr zeitig ab Mitte Februar bis März bei 25 °C in Aussaat-Schalen säen. Sobald sich das erste richtige Blattpaar zeigt, in kleine Töpfe oder Multitopfplatten pikieren.

Auspflanzen Gut abgehärtete Jungpflanzen frühestens nach den Eisheiligen Mitte Mai nach draußen pflanzen, Pflanzabstand ca. 100 cm. Boden mit Urgesteinsmehl und Kompost vorbereiten.

Pflege Anfangs nicht zu viel mit Stickstoff düngen, um den Fruchtansatz zu fördern. Pflanze anbinden, wenn sie aufrecht wachsen soll. Blütenlose Triebe zurückschneiden, zu viele Fruchtansätze entfernen. Zur Überwinterung abgeerntete Triebe im Oktober um 2/3 kürzen und hell und kühl bei ca. 5–10 °C stellen, regelmäßig etwas mit Wasser versorgen.

Blüte Zwittrige Blüten, oft weiß mit lila Streifen und gelben Staubblättern, Farbe sorten- und temperaturabhängig. Selbst- und Fremdbestäubung.

Ernte Pepinos reifen in unseren Breiten von August bis Oktober. Sie färben sich gelb mit lila Streifen, duften angenehm und geben auf Druck leicht nach. Ca. 2–3 Wochen kühl (nicht im Kühlschrank) lagerfähig. Nicht im unreifen Zustand verwenden.

Vermehrung Pepino sind nicht samenecht, daher für Aussaat bevorzugt neuen Samen kaufen. Stecklinge im September schneiden und im Wasserglas bewurzeln lassen oder zurückgeschnittene Kübelpflanzen kühl überwintern.

Mischkultur-Partner Bohnen, Feldsalat, Spinat, Zwiebeln, Sellerie.

Verwandte Art

Tzimbalo *(Solanum caripense)*: Gilt als Urform der Pepino. Früchte zahlreich, rund, wesentlich kleiner, ca. 3 cm im Durchmesser, reifen sehr spät.

Verwendung Pepinos werden wie Melonen aufgeschnitten, die Kerne entfernt und roh gegessen. Sie eignen sich gut für Desserts und Obstsalate, können aber auch zu Marmelade oder Chutneys verarbeitet werden.

Tzimbalo, junge Pflanze mit Früchten

Portulak

Portulaca oleracea

Familie: Portulakgewächse (Portulacaceae)

Einjährig, wärmeliebend

Steckbrief Krautige, sukkulente Pflanze, die als Blattgemüse, Heil- und Gewürzkraut verwendet wird. Stängel verzweigt, niederliegend bis aufsteigend, bis 30 cm hoch werdend. Grüne bis rötlich grüne ovale, sukkulente Laubblätter, die viel Wasser speichern können. Pfahlwurzler.

Weitere bekannte Namen Sommerportulak, Gemüseportulak, Bürzelkraut.

Herkunft Der Portulak kommt wild wachsend an den Küstenregionen Nordamerikas, aber auch in Südost- und Südeuropa vor. Die genaue Herkunft lässt sich nicht mehr ermitteln. In unseren Breiten gilt er als Pionierpflanze für warme, nährstoffreiche Sandböden und oft keimt er von ganz allein im offenen Gartenboden. Die Samen bleiben mehr als 10 Jahre keimfähig. Weltweit zählt Portulak zu den achthäufigsten Pflanzenarten.

Standort & Boden Schwachzehrer. Lockerer, humoser, sandig-lehmiger Boden. Warmer und sonniger bis halbschattiger Standort. Gut geeignet als Bodendecker, auch in Kübeln und Kästen.

Wasserbedarf Sehr trockenheitstolerant.

Anzucht Aussaat ab Anfang Mai im Haus in Aussaatschalen oder ab Mitte Mai direkt ins Beet.

Auspflanzen Ab Mitte Mai im Abstand von 15 x 15 cm ins Freiland pflanzen.

Kleine gelbe Blüten

Als Bodendecker für Chili

Pflege Pflegeleichte Pflanze, die keine besondere Aufmerksamkeit benötigt. Blüten rechtzeitig vor der Samenbildung entfernen, falls keine weitere Vermehrung gewünscht wird.

Blüte Kleine, weißlich gelbe Blüten, die sich in den Vormittagsstunden öffnen. Blütezeit Juni bis Oktober.

Ernte Junge Blätter können ca. 4 Wochen nach der Aussaat geerntet werden, solange die Pflanzen noch nicht blühen; ab der Blütezeit werden Bitterstoffe eingelagert.

Vermehrung Über Samen. Selbstaussaat.

Mischkultur-Partner Gut zum Beschatten des Bodens geeignet, verträgt sich gut mit anderen Gemüsepflanzen.

Verwendung Die Blätter des Portulaks eignen sich roh sehr gut als Salatzugabe. Sie schmecken leicht säuerlich-salzig und können auch kurz wie Spinat gekocht werden.

Puntarelle

Cichorium intybus **var. *foliosum***

Familie: Korbblütler (Asteraceae)

Zweijährig, wärmeliebend

Steckbrief Varietät der Wegwarte. Löwenzahnähnliche Blätter wachsen locker aufrecht als Rosette um die essbaren dicklichen, hohlen Blütentriebe in der Mitte der Pflanzen, die 40 cm hoch werden. Ältere Blätter enthalten sehr viele Bitterstoffe. Frostverträglich bis -5 °C.

Weitere bekannte Namen Vulkanspargel, Cimata, Spargelchicorée.

Herkunft Die Puntarelle ist eine sehr beliebte Gemüsepflanze in Italien , die dort vor allem in der Provinz Latium und in Süditalien in den Wintermonaten bis zum Frühling angebaut wird.

Standort & Boden Mittelzehrer. Frischer, humoser, lockerer, sandig-lehmiger Boden. Sonniger bis halbschattiger Standort. Ideal für überdachten Anbau und in Hochbeeten.

Wasserbedarf Gleichmäßige Wasserversorgung; verträgt auch gelegentliche Trockenheit.

Aussaat Vorkultur ab April: an einem warmen Standort bei 16–20 °C in Aussaattöpfe oder Multitopfplatten säen, Saattiefe 1 cm. Direktsaat Mai bis August.

Auspflanzen Jungpflanzen ab Anfang Mai ins Beet pflanzen, bei Spätfrost mit Vlies abdecken, Pflanzabstand 25 cm, Reihenabstand 40 cm.

Pflege Pflegeleicht. Bei längerer Trockenheit gießen. Boden mit Stroh oder trockenen Materialien mulchen . Ausreichend düngen, da bei Nährstoffmangel verstärkt Bitterstoffe gebildet werden. Im Winter mit Vlies vor starken Frösten schützen.

Blüte Wenn die mittleren Sprosse nicht geerntet werden, blüht der Vulkanspargel im 2. Jahr wie die Wegwarte *(Cichorium intybus)* hellblau.

Ernte Ab Anfang August bis zum Herbst können junge Blätter geerntet werden, im zeitigen Frühjahr die jungen Blütenknospen im Inneren oder die etwas größeren, länglichen Triebe.

Vermehrung Über Samen.

Mischkultur-Partner Keine besonderen Ansprüche. Sollte jedoch nicht neben andere Zichoriengewächse wie z. B. Zuckerhut oder Endivien gepflanzt werden.

Verwendung Junge Blätter können für Salate verwendet werden. Die noch jungen, geschlossenen Knospen sind eine Delikatesse und nicht so bitter wie die Blätter. Am besten schmecken sie zusammen mit Pasta, wenn sie kurz mit Olivenöl in der Pfanne angebraten werden. Eine italienische Spezialität ist «Puntarelle alla Romana», ein Salat aus Puntarelle, der mit Sardellenfilets, Weißweinessig, Olivenöl, Knoblauch, Salz und Pfeffer angereichert wird. Dazu wird Brot gereicht. Die Blütenstängel werden vorher in feine Streifen geschnitten und in Wasser gelegt, damit sie sich kräuseln.

Steckbrief Krautig wachsender, einjähriger Hülsenfrüchtler. Stängel anfangs aufrecht, später niederliegend, 10–40 cm hoch, behaart. Wechselständig angeordnete, gefiederte Laubblätter, Fiedern glattrandig. Vierkantige, essbare Schoten. Tiefwurzler.

Weitere bekannte Namen Rote Spargelbohne, Flügelerbse, Flügelschote oder Kaffee-Erbse.

Herkunft Die Spargelerbse ist eine alte Kulturpflanze, die in Deutschland bis ins Jahr 1670 zurückverfolgt werden kann, aber später von der Kulturerbse *(Pisum sativum)* verdrängt worden ist. Sie kommt ursprünglich aus dem südlichen Mittelmeerraum und wird gerne in Asien angebaut.

Standort & Boden Schwachzehrer. Lockerer, gut durchlässiger und nährstoffarmer Boden. Warmer und sonniger Standort. Auch für Hochbeete geeignet oder für den geschützten Bereich von Kraterbeeten; sehr gut zur Unterpflanzung höherer Kulturen wie Tomaten.

Wasserbedarf Gleichmäßige Wasserversorgung.

Aussaat Ab April an einem warmen und hellen Standort je 1 Samen in Anzuchttöpfe oder Multitopfplatten säen, vorher 12 h vorquellen lassen, Saattiefe 3–4 cm. Vor dem Auspflanzen 1–2 Wochen abhärten. Direktsaat ins Freiland ab Mitte Mai bis Juni.

Auspflanzen Ab Mitte Mai nach den Eisheiligen, Pflanzabstand 30 cm in der Reihe, 50 cm zwischen den Reihen.

Pflege Jungpflanzen vor Spätfrösten und Vogelfraß mit einem Vlies oder Insektenschutznetz schützen. Nicht düngen. Boden unkrautfrei halten.

Blüte Zwittrige rote Schmetterlingsblüten von Mai bis August. Selbst- und Fremdbefruchtung.

Ernte Die Schoten sollten unbedingt jung geerntet werden, wenn sie 3–4 cm lang sind. Sie werden später faserig und holzig. Da die Spargelerbse fortlaufend blüht, kann sie den ganzen Sommer geerntet werden. Am besten alle 3–4 Tage durchpflücken und sofort essen, da sie nicht lagerfähig sind.

Vermehrung Über Samen. Reife Hülsen werden braun bis schwarzbraun und enthalten meist 5–12 Samen.

Mischkultur-Partner Tomaten, Chili, Kohl, Karotten, Salate, Gurken, Sellerie, Zucchini.

Verwandte Art
Gelbe Spargelerbse *(Lotus maritimus)*: In Mitteleuropa heimische, ausdauernde Art, auch für trockene Standorte geeignet.

Verwendung Die jung geernteten Spargelerbsen-Schoten können roh gegessen werden. Kurz angebraten, eignen sie sich für Wokgerichte.

Blüte

Frisch geerntete Schoten

Rote Spargelerbse

Lotus tetragonolobus

Familie: Hülsenfrüchtler (Fabaceae)

Einjährig, wärmeliebend

Tomatillo

Physalis philadelphica
(Syn. *P. ixocarpa*)

Familie: Nachtschattengewächse (Solanaceae)

Mehrjährig, wärmeliebend

Steckbrief Nicht winterhartes Fruchtgemüse, mehrjährig, bei uns meistens einjährig kultiviert. Mehrjährige Kultur nur bei frostfreier Überwinterung möglich. Buschiger verzweigter Wuchs mit hohlen, leicht kantigen Stängeln, nicht oder nur wenig behaart, 1,5–2 m hoch. Blätter länglich oval und leicht gezackt. Früchte mit lampionähnlicher Hülle wie bei allen *Physalis*-Arten. Selbststeril, daher 2 Pflanzen zur Bestäubung erforderlich. Anbau lohnenswert, da man die Früchte nicht kaufen kann.

Weitere bekannte Namen Mexikanische Hülsentomate, Mexikanische Blasenkirsche, Bergaubergine.

Herkunft Tomatillos wurden erstmalig in Mexiko angebaut, vermutlich sogar noch vor der Tomate. Portugiesische und spanische Seefahrer brachten das exotische Fruchtgemüse nach Europa. Während Tomatillos lange Zeit in Spanien beliebt waren, wurden sie später von den Tomaten abgelöst, die man vielseitiger verwenden konnte. Erst in den 1970er-Jahren entdeckte man sie für die mexikanische Küche wieder neu.

Standort & Boden Mittelzehrer. Lockerer, humoser Boden. Vollsonniger, windgeschützter warmer Standort. Geeignet für Kraterbeet, Hochbeet, große Kübel.

Wasserbedarf Geringer Wasserbedarf. Vertragen auch längere Trockenheit. Reicherer Fruchtansatz bei höheren Wassergaben.

Aussaat Ab Mitte März bis Mitte April im Haus bei Zimmertemperatur (20–27 °C) und hoher Luftfeuchte keimen lassen. Saatgut 1 cm tief einzeln in kleine Töpfe geben (Dunkelkeimer). Gut abhärten vor dem Auspflanzen, nur an warmen Tagen ins Freiland stellen.

Auspflanzen Frühestens ab Mitte Mai nach den Eisheiligen, am besten Ende Mai, da sehr frost- und kälteempfindlich, möglichst dauerhaft Temperaturen über 15 °C. Tief pflanzen, damit sich mehr Wurzeln bilden. Pflanzabstand 80 cm in der Reihe, 80 cm zwischen den Reihen. Mind. 2 Pflanzen erforderlich, da selbststeril.

Pflege Triebspitzen auskneifen fördert buschigen Wuchs. Ausgeizen ist nicht erforderlich. Am besten anbinden, wenn die Früchte erscheinen und die Pflanzen größer werden. Pflanzen in Töpfen und Kübeln nach der Ernte um ca. 2/3 zurückschneiden und bei 10 °C an einem hellen Platz überwintern.

Blüte Gelbe zwittrige Blüten mit dunkelbrauner bis schwarzer Mitte. Selbststeril.

Ernte Erntezeit von Juli bis Frostbeginn. Sobald die Tomatillos reif sind, wird die pergamentartige Hülle durchscheinend, platzt auf und die Früchte fallen teilweise zu Boden. Je nach Sorte färben sich Tomatillos bei ausreichend Sonne violett oder gelb. Für die Verwendung in der Küche können Tomatillos unreif geerntet werden. Sie sind im Gegensatz zur Tomate nicht giftig, wenn sie grün sind. Längere Lagerung im Kühlschrank möglich.

Vermehrung Über Samen oder Stecklinge. Im Sommer 10 cm lange Teil-Stecklinge schneiden und bewurzeln lassen.

Mischkultur-Partner Mais, Bohnen, Kürbis.

Empfehlenswerte Sorten
'Purple': Rund, violett.
'Queen of Malinalco': Länglich oval, spitz zulaufend, gelb.
'Koroljok': Rund, sehr große Früchte, früh reifend, gelb.
'Verde': Früh reifend, grün, rund.

Verwendung Die Tomatillo ist ein Klassiker der mexikanischen Küche und wird gerne für Salsas, Saucen, Dips und Chutneys verwendet. Berühmt ist vor allem die «Salsa verde», die mit unreifen Tomatillos, Chilis und Zwiebeln zubereitet wird. Ausgereifte Früchte schmecken mit ihrem süßsäuerlichen Aroma auch roh sehr gut und ergeben zusammen mit Tomaten, Zwiebeln und Chili einen fruchtigen Salat.

Tomatillo 'Queen of Malinalco'

Tomatillo 'Purple'

Steckbrief Einjährig kultiviertes Fruchtgemüse. Am Boden kriechendes oder kletterndes, krautiges Kürbisgewächs mit verzweigten Ranken, die bis zu 10 m lang werden können. Blätter kleiner als die der Kürbisse und gefiedert, beidseitig behaart. Fruchtkörper je nach Sorte unterschiedlich groß, mit dicker grüner oder gemusterter Schale, die nicht zum Verzehr geeignet ist. Fruchtfleisch meistens rot, aber auch orange und gelb, mit großen schwarzen Kernen oder kernlos, saftig, Wassergehalt 95,8 %.

Weitere bekannte Namen Angurie, Arbuse, Pasteke und Zitrullengurke.

Herkunft In Ägypten wurden Wassermelonen bereits vor über 4000 Jahren kultiviert. Das Ursprungsgebiet der Wassermelone ist jedoch das tropische Westafrika. Von Afrika breitete sie sich über Asien auch im Mittelmeerraum, speziell in der Türkei, Italien und Spanien, aus. Heute ist China das wichtigste Anbauland. Kleinfruchtige Sorten können aber inzwischen auch in unseren Breiten reifen.

Standort & Boden Starkzehrer. Humusreicher, tiefgründiger und lockerer Boden. Sonniger, windgeschützter Standort.

Wasserbedarf Hoch; gleichmäßig mit Wasser versorgen, Tröpfchenbewässerung empfehlenswert.

Aussaat Voranzucht im Haus ab Ende April/Anfang Mai bei 24–30 °C, Samen einzeln ca. 1–2 cm tief in kleine Töpfe oder Multitopfplatten mit Gartenerde säen.

Auspflanzen Gut abgehärtete Jungpflanzen mit mind. 4 Laubblättern nicht unter 15 °C Bodentemperatur nach draußen pflanzen, Pflanzabstand ca. 100–150 cm. Boden mit Urgesteinsmehl und Kompost vorbereiten. Pflanzen entweder flach auf dem Boden liegend ausbreiten lassen oder an einem Rankgerüst aufleiten.

Pflege Boden gut mulchen. Pflanzen bei Temperaturen unter 15 °C unbedingt mit Vlies abdecken. Regelmäßig mit organischem Flüssigdünger oder Pflanzenjauche nachdüngen. Triebe im Gegensatz zur Zuckermelone nicht einkürzen, da sich an den Enden die Blüten befinden. Pflanzen nicht von oben über Blätter und Früchte gießen.

Blüte Kleine, gelbe kürbisähnliche Blüten, einzeln in den Achseln der Laubblätter. Eingeschlechtlich, männliche und weibliche Blüten an einer Pflanze.

Ernte Wassermelonen benötigen im Freiland bis zur Reife ca. 12–16 Wochen, ab Ende August bis September können sie geerntet werden. Reife Früchte zu erkennen, ist nicht ganz einfach. Ein Anzeichen ist, dass die helle Stelle, an der die Melone auf dem Boden liegt, zunehmend gelblicher wird. Erklingt beim Klopfen der Früchte ein dumpfer Ton, sind sie reif. Das trifft auch zu, wenn die Kerne innen schwarz sind. Melonen können 2–3 Tage nach dem Anschneiden im Kühlschrank aufbewahrt werden.

Vermehrung Über Samen ausgereifter Melonen. Verkreuzung mit anderen Kürbisgewächsen ist möglich.

Wassermelone 'Sugar Baby'

Wassermelone 'Crimson Sweet'

Wassermelone

Citrullus lanatus

Familie: Kürbisgewächse (Cucurbitaceae)

Einjährig, wärmeliebend

Mischkultur-Partner Melonen können unter Mais und Sonnenblumen als Bodendecker wachsen. Am Rankgerüst gezogene Pflanzen sind geeignet, um andere Kulturen zu beschatten.

Empfehlenswerte Sorten Auf einer anderen Kürbisunterlage veredelte Wassermelonen sind weniger anfällig gegenüber der Fusarium-Welke. Zieht man die Jungpflanzen selbst, sollte man Saatgut früh reifender Sorten wählen:
'Blacktail Mountain': Dunkelgrüne Schale, rotes Fruchtfleisch.
'Sugar Baby': Dunkelgrüne Schale, rotes Fruchtfleisch.
'Crimson Sweet': Grün gestreifte Schale, hellrotes Fruchtfleisch.

Verwendung Wassermelonen werden meistens einfach aufgeschnitten und in mundgerechte Stücke geteilt. Sehr erfrischend sind Salate mit Wassermelone, Feta und Oliven, Spieße mit Melonen-Würfeln und Mozzarellakugeln, Smoothies und selbstgemachte Limonaden.

Steckbrief Einjährig kultiviertes Fruchtgemüse. Buschiger Wuchs mit langstieligen großen gefurchten Blättern mit rauer Oberfläche, im Gegensatz zum Kürbis nicht rankend. Sehr große Sortenvielfalt. Früchte meist länglich oder rund. Flachwurzler.

Weitere bekannte Namen Zucchetti, Gurkenkürbis, Gemüsekürbis.

Herkunft Zucchini ist eine Zuchtform des ursprünglich aus Amerika stammenden Gartenkürbis und gelangte erst in der Neuzeit nach Europa, bevorzugt in die südeuropäischen Länder. Im Jahr 1856 wurde die Zucchini erstmals vom französischen Botaniker Charles Victor Naudin beschrieben. Nach Mitteleuropa kam sie erst in den 1970er-Jahren und entwickelte sich zu einer bis heute sehr beliebten Gemüsesorte.

Standort & Boden Starkzehrer. Liebt nährstoffreiche, humusreiche Böden. Standort volle Sonne bis Halbschatten, windgeschützt. Auch gut geeignet als Einzelpflanze in großem Kübel.

Wasserbedarf Erhöhter Wasserbedarf. Regelmäßig gießen. Ein Erdwall um die Pflanze herum oder ein Tontopf neben der Pflanze erleichtern das gezielte Bewässern des Wurzelraums.

Aussaat Nicht zu früh, im Haus ab April, Keimtemperatur 15–18 °C, im Freiland ab Mitte Mai. Je 2 in kleine Töpfe (9 cm), direkt in Gartenerde (keine Anzuchterde). Auf eine Pflanze vereinzeln.

Auspflanzen Ab Mitte Mai, frostempfindlich. Platzbedarf ca. 1 x 1 m. In gut mit Kompost vorbereitetes Beet, Hochbeet, Hügelbeet oder direkt auf ein Kompostbeet pflanzen. Da meistens männliche und weibliche Blüten nicht gleichzeitig geöffnet sind, am besten mind. 2 Pflanzen setzen, um die Befruchtung zu ermöglichen.

Pflege Hoher Nährstoffbedarf. Regelmäßig mit kaliumhaltigem Dünger in Form von Beinwell- oder Brennnesseljauche nachdüngen. Jungpflanzen gut vor Schnecken schützen. Boden mulchen, besonders geeignet sind Stroh und Miscanthusmulch.

Blüte Blüten eingeschlechtlich, männliche und weibliche Blüten an einer Pflanze. Die männlichen Blüten erkennt man gut am langen Stiel und dem fehlenden Fruchtknoten am Blütenansatz. Die weibliche Blüte hat einen verhältnismäßig kurzen Stiel und sitzt direkt am Fruchtknoten. Sie wächst noch für kurze Zeit an der jungen Zucchini mit, bevor sie abfällt.

Ernte Ab Juni bis September erscheinen regelmäßig Früchte. Möglichst jung (15–20 cm) ernten, um den Fruchtansatz weiter zu fördern. Kleine Zucchini möglichst innerhalb einer Woche verarbeiten. Ältere, zu groß gewordene Exemplare können wie Kürbisse sehr lange gelagert werden.

Vermehrung Über Samen. Bei eigener Saatgutgewinnung sollten die Blüten isoliert und von Hand bestäubt werden, da eine Verkreuzung mit anderen Kürbisgewächsen möglich ist.

Zucchini 'Coucourzelle di Tripolis'

Zucchini 'Zapallito'

Zucchini

Cucurbita pepo subsp. *pepo* convar. *giromontiina*

Familie: Kürbisgewächse (Cucurbitaceae)

Einjährig, wärmeliebend

Mischkultur-Partner Mais, Zwiebeln, Lauch, Spinat, Rote Beete, Bohnen, Erbsen.

Empfehlenswerte Sorten
Grün, rund: 'Rondo', 'Zapallito', 'Tondo di Piacenza', 'Tondo chiaro di Nizza'.
Gestreift: 'Coucourzelle di Tripolis', 'Striato d'Italia'.
Grün: 'Zuboda', 'Black Beauty'.
Gelb: 'Gold Rush'.
Weiß: 'Bianco di Sicilia', 'Custard White'.

Verwendung In der mediterranen Küche werden Zucchini vielseitig verwendet: als Grillgemüse, in Gemüsepfannen, mit Käse überbacken oder im Relish. Die runden Sorten eignen sich gut zum Füllen, während die gelben Sorten für eine besonders bunte Gemüsepfanne sorgen. In der veganen Küche sind die mit dem Spiralschneider hergestellten Zoodles (Zucchini-Nudeln) beliebt.

Steckbrief Krautig wachsendes Fruchtgemüse, das mit der Gurke *(Cucumis sativus)* verwandt ist, am Boden kriechend oder kletternd, mit 1–5 m langen, unverzweigten Ranken, weich behaart. Blätter kleiner als bei Kürbispflanzen und gelappt, unterseitig behaart, Blattrand schwach gezähnt. Fruchtkörper je nach Sorte unterschiedlich groß, mit glatter oder rauer Oberfläche und gemusterter oder einfarbiger Schale, die nicht zum Verzehr geeignet ist. Fruchtfleisch meistens orange und gelb, mit Kernen, saftig mit hohem Wassergehalt. Flachwurzler.

Herkunft Die Zuckermelone kam ursprünglich wild im tropischen Westafrika, in Asien und Australien vor. Da sie an verschiedenen Orten nachgewiesen werden konnte, weiß man nicht mehr, wo sie zuerst kultiviert worden ist. In Europa fand man in Griechenland die ältesten Vorkommen. Sie wird heute weltweit vor allem in den Tropen und Subtropen angebaut, aber auch in unseren Breiten gelingt die Kultivierung mit den entsprechenden Sorten.

Standort & Boden Starkzehrer. Humusreicher, tiefgründiger und lockerer Boden. Sonniger, windgeschützter Standort. Ideal auf Hügelbeeten, am Rand von Kraterbeeten, im Hochbeet.

Wasserbedarf Hoch; gleichmäßig mit Wasser versorgen, Tröpfchenbewässerung empfehlenswert.

Aussaat Voranzucht im Haus ab Ende April/Anfang Mai bei 24–30 °C, Samen einzeln ca. 1–2 cm tief in kleine Töpfe oder Multitopfplatten mit Gartenerde säen.

Auspflanzen Gut abgehärtete Jungpflanzen mit mind. 4 Laubblättern nicht unter 15 °C Bodentemperatur nach draußen pflanzen. Pflanzabstand ca. 100–150 cm. Boden mit Urgesteinsmehl und Kompost vorbereiten, gut mulchen. Entweder flach auf dem Boden liegend wachsen lassen oder an einer Rankhilfe aufleiten.

Pflege Bei Temperaturen unter 15 °C unbedingt mit Vlies abdecken. Regelmäßig mit organischem Flüssigdünger oder Pflanzenjauche düngen. Pflanzen nicht von oben über Blätter und Früchte gießen. Da Blüten und Früchte an den Seitentrieben gebildet werden, wird das Entspitzen der Pflanzen empfohlen: das erste Mal nach dem 4. oder 5. Blatt, dann den Neuaustrieb nach dem 3.–5. Blatt. Den Fruchtansatz auf 4–6 Stück pro Pflanze begrenzen. Unbedingt Mulch (Stroh) unter die Früchte legen.

Blüte Kleine, 2–3 cm große, kelchförmige, zitronengelbe Blüten, am Ende der Ranken, eingeschlechtlich. Männliche und weibliche Blüten an einer Pflanze.

Ernte Zuckermelonen können ungefähr 12–16 Wochen nach der Aussaat, ab Ende Juli, geerntet werden. Reife Früchte erkennt man daran, dass sie sich von allein von der Pflanze lösen. Beim Klopfen an der Schale soll ein dumpf klingender Ton zu hören sein. Zuckermelonen können 2–3 Tage nach dem Anschneiden im Kühlschrank aufbewahrt werden.

Vermehrung Über Samen ausgereifter Melonen. Verkreuzung verschiedener Melonensorten ist möglich, daher am besten neues Saatgut kaufen.

Honigmelonen 'Cosenza Giallo'

Cantaloupemelone 'Petit gris de Rennes'

Zuckermelone

Cucumis melo

Familie: Kürbisgewächse (Cucurbitaceae)

Einjährig, wärmeliebend

Mischkultur-Partner Melonen können als Bodendecker unter Mais und Sonnenblumen wachsen. Am Rankgerüst gezogene Pflanzen sind geeignet, um andere Kulturen zu beschatten.

Empfehlenswerte Sorten Auf einer anderen Kürbisunterlage veredelte Zuckermelonen sind weniger anfällig gegenüber der Fusarium-Welke. Bei Zuckermelonen unterscheidet man in drei Gruppen: **Netzmelonen** (*Cucumis melo* var. *reticulatus*) **'Hógolyó':** Grünlich gelbes Fruchtfleisch, reift auch in weniger warmen Lagen im Freiland aus. **Honig- oder Wintermelonen** (*Cucumis melo* var. *inodorus*) **'Cosenza Giallo':** Weißlich gelbes Fruchtfleisch, leicht runzlige gelbe Schale, lange lagerfähig. **Cantaloupemelonen** (*Cucumis melo* var. *cantalupensis*) **'Charentais', 'Petit gris de Rennes':** Oranges Fruchtfleisch, kleine Früchte, auch für ungünstige klimatische Bedingungen im Freiland geeignet.

Verwendung Zuckermelonen werden aufgeschnitten und in mundgerechte Stücke geteilt. Sie eignen sich gut für Obstsalate, Desserts und in Smoothies. Mit einem Kugelausstecher lassen sich kleine Bällchen formen, die eingefroren einen dekorativen Eiswürfelersatz ergeben.

Die Senkrechtstarter – hohe und beschattende Gemüsesorten

Die meisten Gemüsegärten liegen in der vollen Sonne ohne beschattende Bäume in der Nähe. Während die sonnenhungrigen Gemüsesorten das auch wirklich brauchen, um reif zu werden, gibt es eine Menge hitzeempfindlicher Gemüse, die mit den extremen Sommertemperaturen schlecht zurechtkommen. Sie profitieren während Hitzephasen, insbesondere während der Mittagszeit, von einem halbschattigen Standort. Den Schatten können wir in kurzer Zeit mithilfe von hohen Gemüsesorten schaffen, die im Wechsel mit niedrigeren Sorten gepflanzt werden.

Solche «Senkrechtstarter» benötigen allerdings Rankhilfen, die gut im Boden befestigt sind, um Stürmen und Starkregen standhalten zu können.

Steckbrief Krautige Hülsenfrucht, als Stangenbohne (*Phaseolus vulgaris* var. *vulgaris*) mit windenden Trieben, links drehend, Wuchshöhe bis zu 2–4 m, als Buschbohnen (*Phaseolus vulgaris* var. *nanus*) aufrecht und buschig wachsend, ohne Ranken. Blätter dreizählig.

Weitere bekannte Namen Grüne Bohne, Schnittbohne, Fisole.

Herkunft Wahrscheinlich wurde die Bohne zuerst in Mittel- und Südamerika kultiviert und kam durch europäische Entdecker im 16. Jh. nach Europa, wo sie schnell an Beliebtheit gewann. Heute wird die Gartenbohne weltweit in zahlreichen Sorten angebaut.

Standort & Boden Schwachzehrer. Tiefgründiger, humoser Gartenboden. Warmer, sonniger und windgeschützter Standort. Anbau auch im tiefen Kübel oder Hochbeet möglich.

Wasserbedarf Während Blütezeit und Fruchtansatz nicht austrocknen lassen.

Aussaat Vorziehen ist bei langanhaltender Trockenheit im Frühjahr empfehlenswert, ab April 3–4 Samen 3 cm tief in hohe Anzuchttöpfe geben. Direktsaat ab Anfang Juni in Horsten zu je 4–5 Stück im Abstand von 40 cm, Reihenabstand 40–50 cm. Am besten zeitversetzt säen, damit nicht alle Bohnen zur gleichen Zeit reifen.

Auspflanzen Frühestens nach den Eisheiligen auspflanzen, besser ab Anfang Juni. Stangenbohnen benötigen eine stabile Kletterhilfe.

Pflege Boden von Unkraut freihalten, mulchen oder hacken, Buschbohnen anhäufeln, um die Standfestigkeit zu erhöhen.

Blüte Blüht von Juni bis September. Zwittrige Schmetterlingsblüten in je nach Sorte unterschiedlichen Farben. Selbstbefruchter.

Ernte Bohnen ernten, solange die Hülsen noch fest sind. Frühzeitiges und regelmäßiges Ernten regt die Blütenbildung an. Grüne Bohnen frisch verwenden oder einfrieren, Trockenbohnen sind sehr lange haltbar.

Vermehrung Über Samen von ausgereiften, trockenen Hülsen.

Mischkultur-Partner Gurken, Kohl, Rote Bete, Salate, Sellerie, Mais, Kürbis, Zucchini. Stangenbohnen sind ideal zur Beschattung von niedrigen Kulturen und als Stickstoffsammler im Milpa-Beet (Bohnen-Mais-Kürbis).

Empfehlenswerte Sorten und Arten
Stangenbohnen (*Phaseolus vulgaris* var. *vulgaris*):
'Blauhilde': Ertragreiche Sorte mit 25–27 cm langen, schmalen, violetten Bohnen, die lange zart bleiben.

Stangenbohne 'Neckargold'

Stangenbohne 'Forellenbohne'

Buschbohne 'Bluevetta'

Gartenbohne

Phaseolus vulgaris

Familie: Hülsenfrüchtler (Fabaceae)

Einjährig, wärmeliebend

'Neckargold': Besonders ertragreiche Sorte mit 23–25 cm langen, fleischigen, fadenlosen, tiefgelben Hülsen.
'Forellenbohne': Spätreifende, ertragreiche Sorte. Anfangs grüne Hülsen, später leicht rötlich gesprenkelt. Junge Bohnenkerne können frisch verwendet werden. Lila-schwarz marmorierte Bohnenkerne als Trockenbohnen.

Buschbohnen (*Phaseolus vulgaris* var. *nanus*):
'Saxa': Altbewährte Sorte, unempfindlich im Keimen, auch für raue Lagen geeignet.
'Bluevetta': Frühe bis mittelfrühe Sorte, Bohnen über dem Laub (Gluckentyp).
'Berggold': Mittelfrühe, fadenlose Wachsbohne.

Verwendung Grüne Bohnen dürfen nie roh gegessen werden, da sie den giftigen Inhaltsstoff Phasin enthalten, der beim Kochen zerstört wird. Bohnen werden gerne für Salate, in Suppen oder als Gemüsebeilage verwendet. Die Trockenbohnen werden vor dem Kochen über Nacht eingeweicht und längere Zeit gekocht.

Gartenmelde

Atriplex hortensis

Familie: Fuchsschwanzgewächse (Amaranthaceae)

Einjährig

Steckbrief Krautig wachsendes Blattgemüse. Laubblätter länglich-eiförmig bis dreieckig mit glatter Oberfläche, bis 15 cm lang. Stängel bis 2,5 m hoch werdend, bei Rückschnitt buschig wachsend. Pfahlwurzler. Geschmacklich Spinat ähnelnd.

Weitere bekannte Namen Spanischer Salat, Spanischer Spinat und Orache.

Herkunft Die Pflanze ist ursprünglich in Vorderasien und Südosteuropa beheimatet und soll bereits von den Griechen als Gemüse-, Färber- und Heilpflanze angebaut worden sein. Die Römer brachten die Gartenmelde, ähnlich wie den Mangold, nach Mitteleuropa, wo sie im Mittelalter ein beliebtes Gemüse war. Mit der Einführung des Spinats verlor die Gartenmelde an Bedeutung.

Standort & Boden Schwachzehrer. Normaler Gartenboden ohne Ansprüche, aufgrund der tiefen Wurzel auch für Sandböden geeignet. Sonniger bis halbschattiger Standort. Geeignet auch für Hochbeete und Kübel.

Wasserbedarf Boden gleichmäßig feucht halten. Toleriert gelegentliche Trockenheit.

Aussaat Direktsaat von März bis August breitwürfig oder in Reihen, Samen leicht einharken. Zu dicht stehende Pflanzen vereinzeln oder jung entfernen.

Pflege Sehr pflegeleichte Pflanze. Gutes Wachstum, wenn sie von anderem Bewuchs frei gehalten wird. Boden mulchen.

Blüte Blüht von Juli bis September. Kleine rote oder grüne eingeschlechtliche Blüten in langen, ährigen Blütenständen zusammenstehend.

Ernte Einzelne Blätter und Triebspitzen regelmäßig ernten, immer ein Drittel an der Pflanze belassen. Kann mehrmals im Jahr zurückgeschnitten werden, treibt wieder aus.

Vermehrung Über Samen, meist Selbstaussaat.

Mischkultur-Partner Passt zu vielem, sollte aber nicht neben andere Gänsefußgewächse wie Spinat, Rote Beete, Mangold, Rüben und Amarant. Sehr gut am Beetrand zur Beschattung von Nachbarkulturen.

Empfehlenswerte Sorten
'Butterkraut': Bis 2 m hoch werdende Sorte aus dem Schwarzwald mit dunkelgrünen, großen Blättern.

Verwendung Junge Blätter eignen sich gut als Salatbeigabe oder für Smoothies. Ältere Blätter werden gekocht und wie Spinat zubereitet.

Junger Samenstand

Reifer Samenstand

Samenstand Detail

Steckbrief Nicht winterhartes Kürbisgewächs. Mindestens 5–10 m lang werdende Kletterpflanze mit Ranken. Hanfähnliche, fünffingrige, am Rand gezähnte Blätter. Kleine, hörnchenförmige Früchte, mit der Spitze nach oben gerichtet, weich bestachelt. Im Herbst werden Temperaturen bis knapp über 0 °C vertragen.

Weitere bekannte Namen Hörnchenkürbis, Olivengurke, Schamanengurke, Stachelgurke, Scheibengurke.

Herkunft Die Inka-Gurke stammt ursprünglich aus dem Hochland von Peru. In den Anden findet man sie in einer Höhe bis 2800 m NHN. Die alten peruanischen Schamanen bauten sie bereits als Heilpflanze an.

Standort & Boden Nährstoffreicher, durchlässiger Boden. Sonniger, windgeschützter Standort. Gut geeignet für Kübel, sehr gut als Sichtschutz an Zäunen oder zum Beschatten von Nachbarkulturen.

Wasserbedarf Gleichmäßige Wasserversorgung.

Aussaat Ab April im Haus bei 18–25 °C vorziehen. 1 cm tief in kleine Töpfe mit Gemüseerde geben. Möglichst nicht pikieren, da die Jungpflanzen sehr empfindlich reagieren.

Auspflanzen Ab Mitte Mai nach den Eisheiligen, Pflanzabstand 40 x 40 cm, an Rankgerüst oder Schnüre pflanzen.

Pflege Starkzehrer. Beet vor der Pflanzung gut mit Kompost versorgen, Boden mulchen. Mit organischem Flüssigdünger nachdüngen, sobald die Blätter gelblich werden.

Blüte Kleine cremegelbe Blüten, eingeschlechtlich. Männliche und weibliche Blüten an einer Pflanze. Männliche Blüten in traubigen Blütenständen, weibliche stehen einzeln am Stielansatz. Selbstfruchtbar.

Ernte Regelmäßig ab Ende August bis Oktober einzelne Früchte ernten, solange sie noch grün und knackig und die Kerne weiß sind.

Vermehrung Über Samen (ausgereifte Früchte haben schwarze Kerne).

Mischkultur-Partner Erbsen, Buschbohnen, Zwiebeln, Kopfsalat.

Verwendung Die jungen, knackigen Früchte schmecken gurkenähnlich und können roh gegessen werden. Sie eignen sich auch sehr gut zum Schmoren in Gemüsepfannen. Größere Früchte zum Kochen verwenden, sie können aufgeschnitten und wie Paprikaschoten gefüllt werden.

Gurke

Samen

Inkagurke

Cyclanthera pedata

Familie: Kürbisgewächse (Cucurbitaceae)

Einjährig, kältetolerant

Steckbrief Schnell wachsende, linkswindende Kletterpflanze, verzweigt, in unseren Breiten ca. 2,5 m hoch werdend. Herzförmige, sukkulente Laubblätter. Bildet unterirdische Speicherknollen, die Kartoffeln ähneln. Starkes Knollenwachstum. Bei uns nur einjährig kultiviert, da nicht winterhart.

Weitere bekannte Namen Basellkartoffel, Herzblatt, Peruportulak.

Herkunft Madeirawein stammt ursprünglich aus Südamerika und kommt in vielen subtropischen und tropischen Gebieten als Neophyt vor.

Standort & Boden Lockerer, humoser Boden, warmer und sonniger Standort. Gut geeignet für sehr tiefe Pflanzgefäße (mind. 50 cm), ideal als essbarer Sichtschutz an Zäunen und Pergolen rankend, zur Beschattung von sonnenempfindlichen Nachbarkulturen oder auch als Topfpflanze im Haus.

Wasserbedarf Hin und wieder kräftig gießen. Pflanze speichert Wasser. Trockenheitsverträglich.

Anzucht Vorkultur im Haus, im April 1–2 Knollen etwa 5 cm tief bei 15–20 °C in einen Topf mit Gemüseerde pflanzen.

Auspflanzen Knollen oder vorgetriebene Pflanzen ab Anfang/Mitte Mai auspflanzen, Boden sehr gut mit Kompost vorbereiten. Benötigt wie Stangenbohnen eine Rankhilfe.

Pflege Pflegeleichte Pflanze, die nur wenig gegossen werden muss.

Blüte Duftende weiße Einzelblüten, die in lockeren traubigen Blütenständen nach unten hängen, meist 10–35 cm lang, vom Spätsommer bis Herbst.

Ernte Die jungen Blätter können fortlaufend abgezupft werden. Pflanze nach den ersten Frösten zurückschneiden und Knollen vorsichtig ausgraben, kühl und frostfrei lagern.

Vermehrung Vegetative Vermehrung der Pflanze über die Speicherknollen.

Mischkultur-Partner Am besten in Einzelstellung.

Verwendung Die Blätter werden ganzjährig in Salaten verwendet, ähnlich wie Portulak. Die Knollen des Madeiraweins können wie Kartoffeln zubereitet werden, haben allerdings eine schleimige Konsistenz.

Junger Austrieb

Madeirawein

Anredera cordifolia

Familie: Basellgewächse (Basellaceae)

Ausdauernd, frostempfindlich

Malabarspinat

Basella alba

Familie: Schlingmeldengewächs (Basellaceae)

Mehrjährig, wärmeliebend

Steckbrief Nicht winterharte, in ihrer Heimat mehrjährige, bei uns einjährig kultivierte, krautige Schlingpflanze, die als Blattgemüse verwendet wird. Die grünen oder roten kahlen Sprossachsen sind verzweigt und erreichen in unseren Breiten eine Höhe von 1–2 m. Die herzförmigen, fleischigen Laubblätter sind wechselständig. Bildet im Frühherbst violett-schwarze, essbare Beerenfrüchte mit säuerlichem Geschmack aus.

Weitere bekannte Namen Indischer Spinat, Ceylonspinat.

Herkunft Der Malabarspinat stammt ursprünglich aus Afrika und Südostasien und ist in den Tropen eine beliebte Gemüsepflanze.

Standort & Boden Mittelzehrer. Lockerer, humoser Boden. Warmer und sonniger bis halbschattiger Standort. Windgeschützt. Gut geeignet für große Kübel und Hochbeete. Dekorativ als Hängepflanze in Ampeln.

Wasserbedarf Mäßiger Wasserbedarf.

Anzucht Vorkultur ab Ende April im Haus bei 15–22 °C Samen 1 cm tief in Aussaattöpfe geben.

Auspflanzen Ab Ende Mai bis Anfang Juni ins geschützte Freiland setzen, Pflanzabstand 20 x 20 cm. Boden mit Kompost vorbereiten. Benötigt eine Rankhilfe,

Pflege Pflegeleichte Pflanze. Regelmäßig mit organischem Flüssigdünger düngen. Feucht halten, aber Staunässe vermeiden. Bei anhaltender Trockenheit droht vorzeitige Blüte. Kann bei Kübelkultur nach Rückschnitt hell und kühl bei 10–15 °C überwintert werden.

Blüte Zwittrige kleine Blüten, weiß, rot, rosa- oder purpurfarben, in seitenständigen ährigen Blütenständen.

Ernte Junge Blätter und Triebspitzen werden ca. 2 Monate nach der Aussaat geerntet, solange die Pflanze noch nicht blüht.

Vermehrung Gelingt gut über Ableger, Stecklinge ab August schneiden und im Wasserglas bewurzeln lassen. Samen können aus den Beeren gewonnen werden.

Mischkultur-Partner Gut zum Beschatten von anderen Kulturen. Flächig wachsend als Bodendecker geeignet.

Empfehlenswerte Sorte
'Rubra': Dekorative, rot gefärbte Stiele, intensiv rotgrün gefärbte Blätter, sehr wüchsig.

Verwendung Malabarspinat hat einen leicht säuerlichen Geschmack und eignet sich roh sehr gut als Salatzugabe. Die Blätter können gekocht und wie Spinat verwendet werden. Da sie bei längerem Kochen eine schleimige Konsistenz bekommen, verwendet man die Blätter auch zum Andicken von Saucen und Suppen. Mit dem Farbstoff der Beeren kann man andere Lebensmittel einfärben.

Früchte

Steckbrief Krautige Kletterpflanze mit windenden Ranken, linksdrehend, Wuchshöhe bis zu 3–4 m möglich. Blätter dreiteilig. Entwickelt in unserem mitteleuropäischen Klima nur bis zu 50 cm lange, dünne grüne Bohnenhülsen. Stellt bei unter 20 °C das Wachstum ein, bei über 30 °C kann es zu Blütenfall kommen. Freilandgeeignet. Früchte enthalten kein Phasin (Giftstoff der Gartenbohne). Kommt gut mit Hitze und Trockenheit zurecht.

Weitere bekannte Namen Schlangenbohne, Meterbohne, Spaghettibohne, Augenbohne.

Herkunft Stammt von der afrikanischen Augenbohne *(Vigna unguiculata)* ab und wird gerne in Asien angebaut.

Standort & Boden Schwachzehrer. Humusreicher normaler Gartenboden ohne besondere Ansprüche. Warmer, sonniger und möglichst windgeschützter Standort. Ideal im Gewächshaus, Kultur aber auch im geschützten Freiland möglich. Rankt gerne an senkrecht gespannten Drähten oder Schnüren nach oben.

Wasserbedarf Während Blütezeit und Fruchtansatz nicht austrocknen lassen. Später sehr trockenheitsverträglich.

Aussaat Vorziehen ist empfehlenswert, da die Spargelbohnen im Freiland eine lange Entwicklungszeit haben., 3–4 Samen 3 cm tief in hohe Anzuchttöpfe geben. Direktsaat im Weinbauklima ab Anfang Juni.

Auspflanzen Frühestens nach den Eisheiligen auspflanzen, besser ab Anfang Juni. Benötigt eine stabile Kletterhilfe.

Blüte Ab Juli erscheinen in den Blattachseln die Schmetterlingsblüten, die einem kahnförmig gebogenen Schiffchen ähneln. Selbstbestäubung.

Pflege Pflegeleichte Pflanze. Boden von Unkraut freihalten, mulchen.

Ernte Bohnen ernten, solange die Hülsen noch dünn und fest sind. Sie werden mit zunehmendem Alter gerne faserig.

Vermehrung Über Samen aus ausgereiften Hülsen, die bereits trocken sind.

Mischkultur-Partner Gurken, Kohl, Rote Bete, Salate. Gut geeignet, um andere Kulturen zu beschatten.

Empfehlungen zum Saatgut Bei der Auswahl des Saatguts sollte man auf die Herkunft achten. Der Erfolg ist umso größer, wenn man Saatgut von Anbietern erwirbt, die bereits erfolgreich Spargelbohnen in unseren Breiten angebaut haben.

Verwendung Die Spargelbohne eignet sich klein geschnitten und kurz angebraten sehr gut für asiatische Wokgerichte. Sie kann aber auch wie jede normale Gartenbohne verwendet werden, nur mit kürzerer Garzeit. Die jungen Blätter der Pflanzen können wie Spinat zubereitet werden.

Wuchsform

Blüte

Spargelbohne

Vigna unguiculata subsp. *sesquipedalis*

Familie: Hülsenfrüchtler (Fabaceae)

Einjährig, wärmeliebend

Tomate

Solanum lycopersicum

Familie: Nachtschattengewächse (Solanaceae)

Einjährig, wärmeliebend

Steckbrief Krautig wachsendes Fruchtgemüse. Zunächst aufrecht, später niederliegend und kriechend wachsend bis ca. 4 m Länge. Feste, grüne, fein behaarte Stängel, drüsige Spitzen an längeren Haaren sondern den tomatentypischen starken Duft ab. Dunkelgrüne, fleischige Blätter unterbrochen gefiedert. Stark verzweigter Wuchs durch Seitentriebe aus den Blattachseln. Zunächst grüne Früchte, die bei Reife je nach Sorte rot, gelb oder schwärzlich werden oder grün bleiben.

Weitere bekannte Namen Paradeiser (Österreich, Südtirol).

Herkunft Tomaten stammen urspr. aus den westlichen Regionen von Südamerika, die heute Teile von Peru, Ecuador und Nordchile umfassen. Die Völker in diesen Regionen kultivierten bereits vor Tausenden von Jahren verschiedene Arten von Wildtomaten. Die Tomatenpflanze wurde von den spanischen Eroberern im 16. Jh. nach Europa gebracht, wo sie sich dann verbreitete und in vielen Teilen der Welt angebaut wurde. Anfänglich galt das Nachtschattengewächs als Giftpflanze und wurde nur als Zierpflanze angebaut, was sich im 17. Jh. mit der Entwicklung der Medizin änderte.

Standort & Boden Starkzehrer. Lockerer, humoser Boden. Vollsonniger, warmer und vor allem luftiger Standort, möglichst überdacht, nach Süden offener Überstand. Geeignet auch für Gewächshaus, Kraterbeet, große Kübel.

Wasserbedarf Normaler Wasserbedarf. Am Anfang bis zum Einwurzeln regelmäßig gießen. Danach möglichst nicht täglich gießen, damit sich lange Wurzeln bilden können. Dann überstehen Tomaten auch mal kurze Trockenperioden.

Aussaat Für Freilandtomaten Samen ab Mitte März bis Anfang April im Haus bei Zimmertemperatur (20–24 °C) und hoher Luftfeuchte keimen lassen. Saatgut in Aussaatschalen, Minigewächshaus oder Multitopfplatten mit Anzuchterde säen. Lichtkeimer, daher nur dünn mit Erde bedecken. Möglichst nach dem Keimen von unten bewässern. In kleine Töpfe vereinzeln und tiefer einpflanzen. Vor dem Auspflanzen gut abhärten.

Auspflanzen Frühestens ab Mitte Mai, nach den Eisheiligen, da frostempfindlich. Bis unter die Keimblätter einpflanzen, damit sich mehr Wurzeln bilden. Pflanzabstand 60 cm in der Reihe, 60 cm

Salattomate 'Orange Favorite'

Salattomate 'Schönhagener Frühe'

zwischen den Reihen. Nur eine Pflanze pro Kübel ab 10 l Volumen. Stange oder Tomaten-Spiralstab neben die Tomate setzen oder Stängel an Schnüren festbinden. Organischen Dünger und Wasserspeicher mit ins Pflanzloch geben (Schafwollpellets, Brennnesseln, Bentonit, Terra Preta, Kompost). Zum Gießen einen Tontopf neben der Pflanze eingraben. Boden um die Tomatenpflanze mulchen.

Pflege Stabtomaten mit großen Früchten ab Salattomaten-Größe regelmäßig ausgeizen, anbinden. Cherry- und Cocktailtomaten können mehrtriebig gezogen werden. Niedrige Buschtomaten und Wildtomaten nicht ausgeizen. Ab Ende August Triebspitzen von hochwachsenden Stabtomaten kappen, damit die vorhandenen Früchte ausreifen können. Pflanzen vor Regen schützen. Nur von unten gießen, ohne die Blätter zu benetzen, über die eingegrabenen Töpfe bewässern. Im Juli unterste Blattpaare entfernen. Regelmäßig auf Kraut- und Braunfäule untersuchen, bei Befall Blätter sofort entfernen. Alle 14 Tage zur Förderung der Fruchtbildung mit kaliumhaltigem organischem Dünger (Hornmehl, Tomaten-Flüssigdünger, Brennnesseljauche) versorgen. Zur Pflanzenstärkung wöchentlich mit Schachtelhalmtee einsprühen.

Blüte Gelbe Blüten in bis zu 10 cm langen, verzweigten Blütenständen in den Blattachseln. Selbstbestäubung.

Ernte Von Juli bis Frostbeginn fortlaufend reife Früchte ernten, sobald sie die sortentypische Farbe erreicht haben und sich leicht vom Strauch abziehen lassen. Grüne Tomaten zusammen mit einem Apfel in der Kiste nachreifen lassen, sie sind geschmacklich aber nicht mehr so aromatisch.

Vermehrung Saatgut aus einer vollreifen Tomate in sortentypischer Größe entnehmen und auf Küchenpapier trocknen lassen. Verwendet man immer die robustesten Sorten in der sortentypischen Größe aus dem eigenen Garten zur Saatgutvermehrung, erhält man nach einigen Jahren wertvolles samenfestes und klimarobustes Saatgut. Die eigene Voranzucht lohnt sich aufgrund der großen Sortenvielfalt von alten und robusten Tomatensorten besonders, da man diese nur selten als Jung-

Salattomate 'Paul Robeson'

Ochsenherztomate 'Sonnenherz'

pflanzen kaufen kann. Aus Geiztrieben können im Juni neue Jungpflanzen gezogen werden.

Mischkultur-Partner Bohnen, Sellerie, Kohl, Lauch, Mais, Paprika, Chili, Salat, Spinat, Wurzelpetersilie, Möhren, Zwiebel, Knoblauch, Basilikum, Oregano, Petersilie.

Empfehlenswerte Sorten Besonders die kleinen Cherrytomaten und die Wildtomaten erweisen sich als robust gegenüber der Kraut- und Braunfäule und können problemlos im Freiland angebaut werden. Frühe Sorten sind oft schon vor dem Pilzbefall erntereif.
Wildtomaten/Johannisbeertomaten: 'Rote Murmel', 'Golden Currant'.
Cherrytomaten: 'Black Cherry'.
Cocktailtomaten: 'Sunviva' (erstes Open-Source-Saatgut), 'Ruthje' (etwas kleinere Salattomate), 'Zuckertraube', 'Primabella'.
Niedrige Buschtomaten: 'Ida Gold', 'Tumbling Tom Red'.
Salat-/Stabtomaten: 'De Berao' (bis 3 m), 'Moneymaker', 'Berner Rose', 'Paul Robeson', 'Marglobe', 'Schönhagener Frühe', 'Orange Favorite'.
Fleischtomaten: Ochsenherztomate 'Sonnenherz', 'Tschernij Prinz'.

Verwendung Tomaten können roh und gekocht verwendet werden. Nur unreife, grüne Tomaten (außer grüne Tomaten-Sorten) müssen gekocht werden, da sie roh das giftige Solanin enthalten. Beliebt ist die Verarbeitung zu Tomatensaft, -saucen, -suppen und -salaten. Gerne werden Tomaten auch getrocknet und in Olivenöl eingelegt. Italienische Klassiker sind Bruschetta und Caprese. In Spanien liebt man die Gazpacho Andaluz, eine kalte Gemüsesuppe aus Tomaten und Gurken, in Griechenland Strapatsada, ein Tomaten-Schafskäse-Rührei und mit Kräuterreis gefüllte Tomaten.

Cherrytomate 'Black Cherry'

Cocktailtomate 'Ruthje'

Steckbrief Ausdauernde, krautige Rankpflanze, ca. 3–5 m hoch werdend. Netznervige, spitz zulaufende, herzförmige Blätter. Im Sommer Sprossfruchtknöllchen (Bulbillen) in den Blattachseln entwickelnd. Bildet unterirdisch als Überdauerungsorgan braune längliche Knollen mit weißem Fruchtfleisch, sehr stärke- und ballaststoffhaltig, Geschmack süßlich und an Esskastanien erinnernd.

Weitere bekannte Namen Yam, Yamswurzel, Lichtwurzel, Shan Yao, Zimtwein.

Herkunft Yams ist eine alte Heil- und Nutzpflanze, die ursprünglich aus dem Norden Chinas stammt. Heute baut man Yams als wichtige Nahrungsquelle v. a. in Afrika an. Zur Gattung Dioscorea gehören mehr als 600 Arten, die überwiegend in tropischen und subtropischen Gebieten wachsen, von denen jedoch nicht alle Nahrungspflanzen sind.

Standort & Boden Starkzehrer. Lockerer, humoser Boden. Warmer und sonniger bis halbschattiger Standort. Anbau nur in sehr lockerer Erde erfolgreich, in tiefen Sandgräben mit guter Humusschicht im oberen Bereich, auch Anbau in sandigen Erdhügeldämmen hat sich bewährt. Ideal am Rankobelisken und als Sichtschutz an Zäunen und Pergolen.

Wasserbedarf Je mehr Blattmasse gebildet wird, umso mehr Wasser wird benötigt. Staunässe vermeiden.

Anzucht Bulbillen im Frühjahr nur auf die Oberfläche des Anzucht-Substrats geben und mäßig feucht und warm halten. Nach der Keimung die Bulbillen leicht mit Erde anhäufeln. Im Folgejahr auspflanzen. Wurzelspitzen der Vorjahresernte im zeitigen Frühjahr ab März im Topf vorziehen, frostfrei stellen.

Auspflanzen Boden sehr gut mit Kompost vorbereiten. Obere Enden der Wurzelstücke oder vorgetriebene Pflanzen ab Ende April/Anfang Mai auspflanzen.

Pflege Pflegeleichte Pflanze, die hauptsächlich viele Nährstoffe benötigt. Am besten regelmäßig mit Pflanzenjauche oder Flüssigdünger nachdüngen. Bei Spätfrost oder zeitigen Frösten im Herbst mit Vlies oder Laubschicht abdecken.

Blüte Unscheinbare, kleine weiße Blüten mit intensivem Zimtduft, aus denen braune Kapselfrüchte entstehen.

Ernte Die langen Wurzeln im Herbst, wenn die Blätter vertrocknen, oder spätestens nach den ersten Frösten ernten. Ranken entfernen, vorsichtig einzeln freilegen und herauslösen, da sie schnell abbrechen und dann nicht gelagert werden können. Intakte Wurzeln sind mehrere Wochen im Gemüsefach des Kühlschranks haltbar.

Vermehrung Vegetative Vermehrung der Pflanze durch die Sprossfruchtknöllchen oder oberes Wurzelstück der geernteten Knollen aufheben und wie Dahlien frostfrei überwintern. Frostharte Sorten, die nicht geerntet worden sind, im Frühjahr über Teilung vermehren.

Yams, Wurzeln

Luftkartoffel, Bulbillen

Yams

Dioscorea spp.

Familie: Yamswurzelgewächse (Dioscoreaceae)

Ausdauernd

Mischkultur-Partner Yams am besten in Einzelstellung pflanzen, gut zum Beschatten anderer Kulturen geeignet.

Empfehlenswerte Arten und Sorten

'Dr. Jao' *(Dioscorea polystachya)*: Frostfest bis -18 °C, für winterkalte Regionen geeignet, Wurzeln roh essbar, kleine Bulbillen.

Luftkartoffel *(Dioscorea bulbifera)*: Nicht frosthart, bildet keine essbaren Wurzeln, essbare Bulbillen werden sehr groß.

Verwendung Blätter und Wurzeln der Yams sind roh essbar. Die Wurzeln werden vor der Verarbeitung geschält. Besonders gut schmecken sie in Scheiben geschnitten und kurz in der Pfanne gebraten oder im Backofen wie Kartoffelecken zubereitet. In der chinesischen Heilkunde wird die Wurzel überwiegend als Pulver verwendet. Die Bulbillen der Luftkartoffel sind nur in gekochter Form essbar.

Steckbrief Sommergrüne, bis ca. 3 m hoch werdende Getreidepflanze. Markhaltige runde Stängel. Blätter wechselständig, schmal, bis 1 m lang. Aus bodennahen Knospen entwickeln sich Stützwurzeln, die für mehr Standfestigkeit sorgen, sie dienen aber auch der Wasser- und Nährstoffaufnahme. Maiskolben bilden sich im unteren bis mittleren Bereich der Pflanze in Blattachseln. Tiefwurzler.

Weitere bekannte Namen Süßmais, Kukuruz (österr.).

Herkunft Mais gehört zu den ältesten Getreidearten der Welt und ist eine der wichtigsten Kulturpflanzen überhaupt. Die Wildform des Mais stammt aus Mexiko und gezüchtete Arten verbreiteten sich von dort über ganz Amerika. 1496 brachte Kolumbus nach seiner zweiten Exkursion Maiskörner mit nach Spanien und der Mais verbreitete sich auch in Europa, speziell in der Türkei und in Italien. In Nordeuropa entwickelte sich der Maisanbau erst mit kälteunempfindlichen Sorten. Da Mais überwiegend als Futter- und Energiepflanze angebaut wird, ist nur wenig bekannt, dass man sehr schmackhaften Zuckermais in unseren Breiten anbauen kann.

Standort & Boden Starkzehrer. Lockerer, humoser Boden. Warmer und sonniger Standort. Ideal als Windschutz, geeignet für ein Milpa-Beet (Mais-Kürbis-Bohnen) oder Kraterbeet.

Wasserbedarf Gleichmäßige Wasserversorgung, besonders zur Blütezeit.

Anzucht Es hat sich bewährt, Mais ab Mitte April vorzuziehen. Samen einzeln ca. 2 cm tief in kleine Töpfe oder Multitopfplatten mit Aussaaterde legen. Ab 10 cm Höhe die Pflanzen gut abhärten. In wärmeren Lagen und bei ausreichend Feuchtigkeit ab Anfang Mai direkt ins Beet säen.

Auspflanzen Jungpflanzen im Abstand von 30 x 30 cm ab Mitte Mai nach draußen pflanzen. Gruppenpflanzung ermöglicht eine bessere Bestäubung. Boden mit Kompost vorbereiten.

Blüte Eingeschlechtlich, männliche und weibliche Blüten an einer Pflanze. Männliche Blüten in rispigen, bogig überhängenden Blütenständen an der Sprossspitze, weibliche Blüten in seitenständigen Kolben in den Blattachseln. Windbestäubung.

Pflege Mais besonders am Anfang gut mulchen, von unten gießen.

Ernte Reife Maiskolben erkennt man daran, dass die Härchen an der Spitze des Kolbens trocken und braun werden. Hüllblätter zur Seite ziehen und mit dem Fingernagel in ein Maiskorn drücken; sobald eine weißliche Flüssigkeit erscheint, ist der Mais reif (Milchreife). Nicht lange und nur kühl lagern, da sich der Zucker in Stärke umwandelt. Für spätere Verwendung den Mais kurz blanchieren und Körner einzeln einfrieren.

Vermehrung Gelingt über reife Samen samenfester Maissorten (Herkunft sollte unbedingt bekannt sein). Durch die Windbestäubung ist eine Verkreuzung mit anderen Maissorten möglich, daher auf viel Abstand zu einem Maisfeld oder einer anderen Sorte achten.

Junger Kolben

Maikolben

Zuckermais

Zea mays convar. *saccharata*

Familie: Süßgräser (Poaceae)

Einjährig, wärmeliebend

Mischkultur-Partner Zucchini, Bohnen, Kürbisgewächse

Empfehlenswerte Sorten
‚Golden Bantam': Biologisch gezüchtete Sorte von 1902, gelbe Körner, früh reifend.
'Damaun': Gelbe Körner, früh reifend, mittelhoher Wuchs.
'Hookers Sweet Indian': Reift in verschiedenen Farben, zweifarbige Körner bei Milchreife, alte Sorte, früh reifend.

Verwendung Reifer Zuckermais wird zunächst von den Hüllblättern und den weißen Fäden befreit. Danach werden die Körner mit den Fingern oder einem Messer abgelöst. Die Körner können roh gegessen werden und sind eine ideale Salatzugabe. Gekocht schmecken sie gut in Eintöpfen und verschiedenen mexikanischen Gerichten wie dem bekannten «Chili con (sin) carne». Sehr beliebt sind auch gegrillte Maiskolben, bei denen die Hüllblätter nicht entfernt werden müssen.

Die Tiefgründigen – robustes Wurzel- und Knollengemüse

Einige Knollen- und Wurzelgemüse sind sehr robust und teilweise dürretolerant. Sie bringen auch bei Hitze und Trockenheit noch gute Ernteerfolge – vorausgesetzt, sie sind rechtzeitig ausgesät worden, denn Wurzelgemüse können nicht vorgezogen werden. Sie keimen am besten im Frühjahr, da der Boden bei niedrigeren Temperaturen länger feucht bleibt. Sorten mit einer längeren Anbauphase erreichen bereits im Sommer mit ihrer Pfahlwurzel tiefere Bodenschichten und können sich daher längere Zeit selber mit Wasser versorgen, auch wenn der Regen ausbleibt.

Einige Knollengemüse können vorgezogen und als Jungpflanzen ins Beet gepflanzt werden. Sie wurzeln dann zwar nicht so tief wie die Säkulturen, versprechen aber einen größeren Anbauerfolg, da das Saatgut bei zu viel Hitze und Trockenheit im Frühjahr oft schlecht oder gar nicht mehr keimt. Am wenigsten Wasser benötigen die ausdauernden Pflanzen, die unter der Erde Sprossknollen als Speicherorgan ausbilden.

Steckbrief Krautiges Wurzelgemüse, meist nur einjährig kultiviert, ca. 60–120 cm hoch werdend. Aufrecht wachsende, unverzweigte Stängel mit ganzrandigen, schmalen Laubblättern. Lange Pfahlwurzel, 20–25 cm lang, 2,5 cm dick, geschmacklich sehr ähnlich der Schwarzwurzel. Enthält viel Inulin.

Weitere bekannte Namen Purpur-Bocksbart, Habermark, Austernpflanze, Milchwurzel.

Herkunft Die Haferwurzel kommt ursprünglich wild im Mittelmeerraum vor. In Mitteleuropa wird sie seit dem Mittelalter kultiviert. In Deutschland wird das Wurzelgemüse seit 1850 feldmäßig angebaut, wurde aber bald von der hochwertigeren Schwarzwurzel *(Scorzonera hispanica)* verdrängt.

Standort & Boden Schwachzehrer. Lockerer, tiefgründiger Boden ist von Vorteil, Anbau gelingt aber auch in steinigem Boden oder Lehmboden, dort als Bodenverbesserer. Sonniger bis halbschattiger Standort. Geeignet auch für sehr große, tiefe Pflanzkübel und Hochbeete.

Wasserbedarf Boden gut feucht halten, aber Staunässe vermeiden. Bei Trockenheit ein- bis zweimal pro Woche durchdringend wässern.

Aussaat Direktsaat von März bis Mai ca. 2 cm tief, Abstand zwischen den Reihen 30 cm, später in der Reihe auf 5–6 cm vereinzeln, überzählige Pflanzen am besten auskneifen oder abschneiden, um Nachbarpflanzen nicht mit herauszuziehen. Boden gut mit Kompost vorbereiten, nicht frisch mit Mist düngen.

Pflege Pflegeleichte Pflanze. Zu große Trockenheit vermeiden, damit die Pflanzen nicht vorzeitig im 1. Jahr blühen. Zusätzlicher Dünger ist nicht erforderlich. Boden mulchen und unkrautfrei halten.

Blüte Im 2. Jahr erscheinen von Juni bis Juli Blütenkörbe mit purpurfarbenen bis violetten Zungenblüten an verzweigten Stängeln. Blüten nur von morgens bis mittags geöffnet. Samenstand ähnelt der «Pusteblume» des Wiesen-Bocksbarts.

Ernte Die langen Wurzeln möglichst spät im Herbst ernten. Vorsichtig einzeln mit der Grabegabel ausgraben, da sie schnell abbrechen. Ernte den ganzen Winter bis zum Februar möglich, solange der Boden frostfrei ist. Bei kühler, feuchter Lagerung einige Monate haltbar.

Vermehrung Über Saatgut von im 2. Jahr blühenden Pflanzen.

Mischkultur-Partner Bohnen, Kohlrabi, Lauch, Radieschen, Salat, Sellerie, Spinat und Tomaten.

Verwendung Die Haferwurzel kann genau wie die Schwarzwurzel zubereitet werden. Vorteilhaft ist, dass sie nicht geschält werden muss. Sie eignet sich für Pürees, Gemüsepfannen und Suppen. Beim Kochen verströmt die Wurzel einen leichten Austerngeruch, wovon auch der Name Austerngemüse kommt. Erntet man die Blätter der Haferwurzel, wenn sie jung sind, können sie wie Spinat zubereitet werden.

Blüte und Samenstand

Haferwurzel

Tragopogon porrifolius

Familie: Korbblütler (Asteraceae)

Zweijährig, winterhart

Steckbrief Nicht winterhartes, krautiges Gemüse, das einjährig kultiviert wird. Knollenähnliches Aussehen durch verdickte Speicherblätter, die eine oberirdische Zwiebel bilden. Zwei- bis dreifach gefiederte hellgrüne Laubblätter, die aus den Speicherblättern bogig überhängend wachsen. Tiefwurzler.

Weitere bekannte Namen Gemüse-Fenchel.

Herkunft Der Knollenfenchel stammt aus dem Mittelmeerraum und wird vor allem in Italien angebaut.

Standort & Boden Mittelzehrer. Lockerer, humusreicher und gut durchlässiger Boden. Warmer und sonniger Standort. Auch für Hochbeete geeignet, im Kraterbeet im geschützten Bereich in der Mitte pflanzen.

Wasserbedarf Boden gut feucht halten. Vor allem die Jungpflanzen regelmäßig gießen, um vorzeitiges Schießen zu verhindern.

Aussaat Für die Sommerernte möglichst zeitig (ab Anfang März) an einem warmen und hellen Standort 2–3 Samen in Anzuchttöpfe oder Multitopfplatten säen, Saattiefe 1 cm. Auf den kräftigsten Sämling vereinzeln, nicht pikieren. Vor dem Auspflanzen 1–2 Wochen abhärten. Direktsaat scheitert meistens an der Trockenheit im Juni. Eine zweite Aussaat ab Anfang Juli ist für die Ernte im Herbst möglich.

Auspflanzen Ab Ende April Jungpflanzen ins Beet setzen. Nicht zu lange warten, da bei Wärme keine dicken Knollen gebildet werden und die Pflanzen vorzeitig blühen. Pflanzabstand 30 cm in der Reihe, 40 cm zwischen den Reihen. Boden gut mit Kompost vorbereiten. Für die Herbsternte Auspflanzung bis Mitte August.

Blüte

Pflege Jungpflanzen vor Spätfrösten und zu viel Sonne mit Vlies schützen. Mit organischem Flüssigdünger stickstoffarm düngen. Boden mulchen und unkrautfrei.

Blüte Gelbe Doldenblüten.

Ernte Von der Aussaat bis zur Ernte braucht Knollenfenchel ca. 12–16 Wochen, erste Ernte ist ab Juni möglich. Späte Ernte bis November. Knollen mit einem Messer an der Basis abschneiden. Lagerung im Kühlschrank möglich.

Knollen-fenchel

Foeniculum vulgare var. *azoricum*

Familie: Doldenblütler (Apiaceae)

Einjährig

Vermehrung Über Samen von Knollenfenchel aus dem Frühjahrsanbau, der nicht vorzeitig geschossen ist. Pflanzen für Saatgutgewinnung blühen lassen.

Mischkultur-Partner Knollensellerie, Radieschen, Salate.

Empfehlenswerte Sorten
'Selma': Sehr schossfeste Sorte; weiße Knollen mit flach-runder Form, rasch wachsend.
'Perfektion': Sehr schossfeste Sorte; weiße Knollen, verträgt leichten Frost.

Verwendung Fenchel kann in feine Streifen geschnitten und in Salate gegeben werden. Sein süßliches, an Anis erinnerndes Aroma passt gut zu Tomaten und Zwiebeln als kurz gebratene Gemüsepfanne oder als Beilage zu Pasta.

Meerrettich

Armoracia rusticana

Familie: Kreuzblütengewächse (Brassicaceae)

Mehrjährig, winterhart

Steckbrief Ausdauernde, krautige Pflanze. Stängel kantig gefurcht. Grundständige, am Stängel verteilte Laubblätter, an der Basis deutlich verbreiterter Blattstiel, bis 1 m lange Grundblätter, Stängelbätter kürzer. Die essbare Pfahlwurzel mit vielen Seitenwurzeln (Fechser) enthält Senfölglykoside, die für den scharfen Geschmack verantwortlich sind.

Weitere bekannte Namen Kren, Bauernsenf, Fleischkraut, Pfefferwurzel, Waldrettich.

Herkunft Ältere Wandgemälde aus Pompeji belegen, dass Meerrettich schon in der Antike bekannt war. Er war im Mittelalter eine beliebte Heil- und Gewürzpflanze. Nach historischen Aufzeichnungen von Hildegard von Bingen kann man den Anbau der Wurzel bis ins 12. Jh. zurückverfolgen. Die ausbreitungsfreudige Pflanze kommt oft verwildert am Rand feuchter Wiesen, an Bachläufen oder Flussufern vor.

Standort & Boden Starkzehrer. Lockerer, humoser und sandiger Boden ist von Vorteil, der Anbau gelingt aber auch im Lehmboden. Sonniger bis halbschattiger Standort. Staunässe vermeiden. Geeignet auch für sehr große, tiefe Pflanzkübel und Hochbeete.

Wasserbedarf Boden gut feucht halten, bei Trockenheit ein- bis zweimal pro Woche durchdringend wässern.

Auspflanzen Untere Augen der langen Seitentriebe des Vorjahres (Fechser) entfernen, nur die oberen für den Austrieb lassen, leicht schräg einpflanzen, das untere Ende ca. 15 cm tief, das obere Ende ca. 5 cm tief legen. Boden sehr gut mit Kompost vorbereiten, nicht frisch mit Mist düngen.

Pflege Pflegeleichte Pflanze, die viele Nährstoffe benötigt, mit Pflanzenjauche oder Flüssigdünger nachdüngen. Sobald der Blattaustrieb 10–12 cm lang ist, den oberen Bereich der Wurzeln freilegen und alle Seitenwurzeln entfernen, um dickere Hauptwurzeln zu erhalten. Pflanzen mulchen, gut feucht halten.

Blüte Blüht im 2. Jahr im Juni/Juli. Blütenstängel bis 1,5 m hoch, verzweigt und beblättert. Blüten weiß und duftend, Blütenstand traubig.

Ernte Die langen Wurzeln im Herbst ernten, wenn die Blätter vertrocknet sind. Vorsichtig einzeln mit der Grabegabel ausgraben, da sie schnell abbrechen. Ernte den ganzen Winter möglich, solange der Boden frostfrei ist. In einem feuchten Tuch eingeschlagen lange im Kühlschrank haltbar.

Vermehrung Über Seitenwurzeln (Fechser) des Vorjahres, mind. 1 cm dick und 30–40 cm lang.

Mischkultur-Partner Meerrettich sollte aufgrund des ausufernden Wachstums besser separat stehen, idealerweise in einem extra Beetkasten oder in der Ecke des Gemüsegartens.

Verwendung Frischer Meerrettich wird aufgrund der Schärfe sehr sparsam verwendet. Meerrettich passt gut zu Fleisch- und Fischgerichten. Im Süddeutschen Raum liebt man das Krenfleisch, auch als Tafelspitz bekannt, eine gekochte Rinderbrust in Meerrettichsauce.

Blätter

Seitenwurzeln

Meerrettich, aufgeschnitten

Steckbrief Krautig wachsendes Wurzelgemüse mit kegelförmiger, weißer bis cremefarbener Pfahlwurzel. Stängel kantig gefurcht, ausgeprägter eingesunkener Rand um den Austrittsbereich der Blätter. Sellerieähnliche Blätter, ein- bis zweifach gefiedert mit bis zu 7 Fiederpaaren.

Weitere bekannte Namen Hammelmöhre, Hirschmöhre, Moorwurzel, Welsche Petersilie.

Herkunft Pastinaken stammen ursprünglich aus Süd- und Mitteleuropa. Man kultivierte sie bereits im Römischen Reich. Bis zur Mitte des 18. Jh. war die Pastinake ein sehr beliebtes Grundnahrungsmittel, das später von Kartoffeln und Karotten verdrängt wurde. Heute erlebt das Gemüse ein Comeback und wird wieder häufiger angebaut.

Standort & Boden Mittelzehrer. Humusreicher, tiefgründiger und lockerer Boden. Lehmboden wird toleriert. Gründüngung als Vorkultur ist vorteilhaft. Anbau mit Überwinterung besonders für Hochbeete mit Mäuseschutzgitter geeignet.

Wasserbedarf Gleichmäßig mit Wasser versorgen, besonders zur Keimung und zur Förderung des Wachstums der Jungpflanzen. Später wird kurzzeitige Trockenheit toleriert.

Aussaat Dunkelkeimer. Nur Direktsaat, ab April oder in milden Gebieten ab März. Boden mit Urgesteinsmehl und Kompost vorbereiten, kein Tiermist direkt vor der Aussaat. Samen in Reihe ca. 2 cm tief säen. Abstand zwischen den Reihen ca. 30–35 cm. Ab ca. 5 cm Höhe die Pflanzen auf 10–15 cm Abstand vereinzeln. Je später die Aussaat, umso schlechter keimt der Samen, funktioniert oft nicht mehr im Juni.

Pflege Pflanzen gut mulchen oder hacken, nicht austrocknen lassen, da die Wurzeln sonst holzig werden. Bei der Pflege direkten Kontakt der Blätter mit der Haut vermeiden, da Cumarinverbindungen in Verbindung mit Sonne allergische Reaktionen bewirken können.

Blüte Zwittrige gelbe Blüten in Dolden im 2. Jahr.

Ernte Pastinaken haben eine längere Standzeit. Wurzeln im Oktober vor dem ersten Frost ernten und kühl lagern oder über den Winter stehen lassen und bei stärkeren Kahlfrösten mit Vlies abdecken. Ernte bis Februar möglich.

Vermehrung Über gut ausgereifte Samen.

Mischkultur-Partner Zwiebel, Knoblauch, Mangold, Rote Beete, Bohnen, Salate.

Empfehlenswerte Sorten
'White King': Alte Sorte; eher kurze, breite Wurzeln; für den Anbau auf schweren Böden geeignet.
'Turga': Halblange, cremeweiße Wurzeln; extrem frosttolerant, kann daher bis zum Frühjahr im Beet bleiben.
'Halblange Weiße': Altbewährte Sorte mit halblangen Wurzeln (20–30 cm).

Verwendung Pastinaken können roh gegessen und gekocht werden. Das beliebte Wintergemüse eignet sich gut für Pürees, in Gemüsesuppen oder in Kombination mit anderen Wurzelgemüsen. Wegen des süßlichen Geschmacks ist es sehr gut als Babynahrung geeignet.

Blüte

Blätter

Pastinake

Pastinaca sativa **subsp.** ***sativa*** **var.** ***sativa***

Familie: Doldenblütler (Apiaceae)

Zweijährig, winterhart

Steckbrief Krautiges Knollengemüse, das meist nur einjährig kultiviert wird. Langstielige Grundblätter in Rosette, länglich-eiförmig und am Rand leicht gekräuselt. Blattstiel meist intensiv rot gefärbt. Teilweise über der Erde wachsende, essbare Knolle mit dünner Schale, ca. 10 cm dick. Tiefwurzler. Fruchtfleisch je nach Sorte leuchtend rot, violett, gelb oder weiß. Erdiger Geschmack.

Weitere bekannte Namen Rote Rübe, Rande, Rahne.

Herkunft Die Rote Bete ist eine Kulturform der Gemeinen Rübe (*Beta vulgaris* subsp. *vulgaris*), die von der Wildbete (*Beta vulgaris* subsp. *maritima*) abstammt, die ursprünglich im Mittelmeerraum zu finden war. Im Laufe der Jahrhunderte züchtete man aus der dünnen Wurzel die runde und überwiegend rote Rübe.

Standort & Boden Mittelzehrer. Lockerer, humusreicher und gut durchlässiger Boden. Sonniger bis halbschattiger Standort. Boden gut mit Kompost vorbereiten. Auch geeignet für große Pflanzkübel und Hochbeete.

Wasserbedarf Boden gut feucht halten, vor allem die Jungpflanzen regelmäßig gießen. Rüben bekommen später lange Wurzeln.

Aussaat Rote Bete können sehr gut vorgezogen werden, um Spätfrösten und zu niedrigen Temperaturen im Freiland (< 7 °C) zu entgehen, die das Gemüse vorzeitig schießen lassen. Aussaat von Mitte April bis Mitte Juni einzeln ca. 2 cm tief in kleine Töpfe oder Multitopfplatten mit Aussaaterde bei 16–22 °C. Die Samen enthalten oft 2–3 Körner, die später vereinzelt werden sollten. Direktsaat am besten ab Anfang Mai bis Mitte Juli ca. 2 cm tief, alle 10 cm ein Samenkorn, Reihenabstand 25 cm, zur besseren Keimung mit Vlies abdecken. Späte Aussaaten ab Juni eignen sich als Herbst- und Wintergemüse.

Auspflanzen Vorgezogene Jungpflanzen mit einem Abstand von 10 cm und Reihenabstand von 25 cm pflanzen.

Pflege Mit organischem Flüssigdünger oder Pflanzenjauche etwa alle 3–4 Wochen düngen. Boden mulchen und unkrautfrei halten. Bei leichten Frösten im Herbst mit Vlies abdecken.

Blüte Unscheinbare kleine Blüten im 2. Jahr. Windbestäubung.

Ernte Von der Aussaat bis zur Ernte brauchen Rote Bete ca. 8–12 Wochen. Sie können bis September/Oktober auf dem Beet stehen bleiben. Bei trockenem Wetter ernten. Kühl und feucht (Sandkiste) ist eine lange Lagerung möglich.

Vermehrung Über Samen.

Mischkultur-Partner Zwiebel, Frühlingszwiebeln, Knoblauch, Bohnen, Kohlrabi, Kohlgewächse, Radieschen, Salat, Sellerie, Gurken, Zucchini.

Empfehlenswerte Sorten
'Rote Kugel': Altbewährte rote Sorte.
'Tonda di Chioggia': Rot-weiß geringelte Bete.
'Vereduna Alba': Weiße Bete, die als Urform der Roten Bete gilt; süßer mild-würziger Geschmack.

Verwendung Rote Bete können nach Entfernen der Schale roh gegessen werden. Die Knollen können mit Schale gekocht und erst anschließend wie eine Pellkartoffel geschält werden. Rote Beete eignen sich als Ofengemüse und als Zugabe in Gemüsepfannen und Suppen. Junge Blätter können wie Spinat zubereitet werden.

Weiße Beete 'Vereduna Alba'

Ringelbete 'Tonda di Chioggia'

Rote Bete

Beta vulgaris subsp.
vulgaris var. *conditiva*

Familie: Fuchsschwanzgewächse (Amaranthaceae)

Zweijährig, winterhart

Steckbrief Krautig wachsende, oberirdisch windende Stängel, bis zu 4 m lang, leicht sukkulent, meist auf dem Boden liegend und kriechend. Adventivwurzeln an den Blattknoten, Blätter schraubig am Stängel angeordnet. Unterirdische essbare Speicherwurzeln in unterschiedlicher Größe, länglich oval, mit dünner, meist oranger oder lila Schale, leicht süßliches Fruchtfleisch.

Weitere bekannte Namen Batate, Weiße Kartoffel, Knollenwinde.

Herkunft Die heute angebauten Süßkartoffeln stammen aus den tropischen Gebieten Südamerikas, wo sie wahrscheinlich bereits vor über 5000 Jahren besonders im trockeneren Landesinneren wuchsen. Sie wurden durch portugiesische Seefahrer nach Afrika gebracht und verbreiteten sich von dort nach Europa. Die Süßkartoffel wird heute aufgrund ihrer Nährstoffdichte und Anpassungsfähigkeit an unterschiedliche Klimabedingungen weltweit angebaut.

Standort & Boden Starkzehrer. Nährstoffreicher, lockerer, am besten sandiger Boden. Warmer und sonniger Standort. Staunässe vermeiden. Bei ungeeignetem Boden wie Kartoffeln erhöht auf Dämmen anbauen. Gut geeignet für Hochbeete, große Kübel, Hügelbeete oder den oberen Rand des Kraterbeets.

Wasserbedarf Gleichmäßige Wasserversorgung.

Anzucht Eine unbehandelte Bio-Knolle ab Mitte Januar hell und warm bei 20–25°C stellen und keimen lassen, Teilstücke oder die ganze Knolle im Wasserglas mit Zahnstochern stabilisieren und bewurzeln lassen. Alternativ die Knolle zum Keimen auf einen mit Anzuchterde gefüllten Behälter legen. Sind die Triebe ca. 10 cm lang, können sie abgebrochen werden und separat im Wasserglas bewurzeln. Jungpflanzen können auch in Bio-Gärtnereien erworben werden.

Auspflanzen Frühestens nach den Eisheiligen ab Mitte Mai, besser ab Juni, Temperaturen nicht unter 10 °C. Pflanzabstand großzügig wählen, mind. 35 cm in der Reihe und 70 cm zwischen den Reihen. Beet ausreichend mit Kompost vorbereiten. Es können bewurzelte Triebstecklinge oder die ganze bewurzelte Knolle gepflanzt werden.

Pflege Regelmäßig alle 2 Wochen mit Flüssigdünger versorgen. Für Vertikalbegrünung Kletterhilfe anbringen. Flächig wachsende Triebe mit Erde bedecken, sodass sie bewurzeln und mehr Knollen bilden.

Blüte Blüht selten. Blüten zwittrig, meist einzeln stehend, in unterschiedlichen Farben.

Ernte Ab Ende September/Oktober, sobald die Blätter gelb werden, unbedingt vor den ersten Bodenfrösten. Vorsichtig mit einer Grabegabel ausgraben. Zur kurzfristigen Lagerung in Zeitungspapier einwickeln und kühl und trocken lagern, im Keller oder einige Wochen im Gemüsefach des Kühlschranks. Nach der Ernte erst einige Tage liegen lassen, damit sich die typische Süße entwickeln kann.

Blüte

Älterer Trieb mit Wurzeln

Anzucht im Wasserglas

Süßkartoffel

Ipomoea batatas

Familie: Windengewächse (Convolvulaceae)

Einjährig, wärmeliebend

Vermehrung Spätestens ab September Stecklinge schneiden und im Wasserglas bewurzeln lassen, in kleinen Töpfen warm überwintern. Größere Knollen zum Anbau im nächsten Jahr kühl lagern und neu bewurzeln lassen.

Mischkultur-Partner Süßkartoffeln können unter Mais oder Stangenbohnen als Bodendecker wachsen. Am Rankgerüst gezogene Pflanzen sind geeignet, um andere Kulturen wie Mangold, Kohlrabi, Pastinaken, Spinat und Salat zu beschatten.

Empfehlenswerte Sorten Am besten eignen sich Sorten mit kurzer Kulturdauer.
Orangefleischige Sorten: 'Beauregard', 'Evangelina'.
Weißfleischige Sorten: 'Bonita', 'Muraski'.

Verwendung Süßkartoffeln werden weltweit für die unterschiedlichsten Gerichte verwendet, ähnlich wie die Kartoffel. Am häufigsten findet man Rezepte für Püree, Pommes, Gemüsechips und Aufläufe. In Afrika ist der Süßkartoffel-Erdnuss-Eintopf sehr beliebt und in Indien kocht man gerne vegetarische Currys mit Süßkartoffel und Kokosmilch.

Yakon

Smallanthus sonchifolius

Familie: Korbblütler (Asteraceae)

Mehrjährig, nicht winterhart

Steckbrief Frostempfindliches, aufrecht wachsendes Knollengemüse, 1,5–2 m hoch werdend. Verwandtschaft zur Sonnenblume und Topinambur an der Wuchsform erkennbar. Stängel hohl und behaart. Große, herzförmige Blätter, an der Unterseite behaart. Bildet zwei unterschiedliche Arten von Speicherorganen aus: kleine Rhizome zur Vermehrung und große essbare Knollen. Knollen ca. 25 cm lang und 10 cm dick, Fruchtfleisch weiß oder cremefarben, teilweise auch gelblich bis hin zu leicht violett, süßlicher Geschmack.

Weitere bekannte Namen Inkawurzel, Peruanische Sonnenwurzel, Bolivianische Sonnenwurzel.

Herkunft Die Yakon ist eine alte Heil- und Nutzpflanze und stammt ursprünglich aus den Andenregionen Südamerikas, insbesondere aus Peru und Bolivien. Die Inkas bauten sie dort bereits im 13. Jh. in den warmen und subtropisch gemäßigten Tälern in Höhen von 1000 bis 3500 m NHN an.

Standort & Boden Nährstoffreicher, lockerer, am besten sandiger Boden. Warmer und sonniger Standort. Staunässe vermeiden, bei ungeeignetem Boden wie Kartoffeln erhöht auf Dämmen anbauen. Gut geeignet für Hochbeete, große Kübel, Hügelbeete oder den oberen Rand des Kraterbeets.

Wasserbedarf Gleichmäßige Wasserversorgung.

Anzucht Über Wurzel-Rhizome. Rhizomstücke mit der Knospe nach oben ab März in Anzuchterde stecken, frostfrei stellen und etwas gießen. Ausgetriebene Jungpflanzen hell und frostfrei stellen. Alternativ Jungpflanzen im 1. Jahr kaufen und die Wurzelrhizome zur Vermehrung überwintern.

Auspflanzen Frühestens nach den Eisheiligen ab Mitte Mai auspflanzen. Beet ausreichend mit Kompost vorbereiten. Pflanzabstand großzügig wählen, mind. 80 x 80 cm.

Pflege Anbinden, Boden gut mulchen. Nicht unterpflanzen, da der Platz für die Knollenbildung benötigt wird.

Blüte Zwittrige, kleine, gelbe Blüten, ähnlich der Topinambur. Blütezeit September/Oktober.

Ernte Sobald die Pflanzen den ersten Frost bekommen haben, sterben die oberirdischen Pflanzenteile ab. Nach Entfernen der Stängel Wurzelknollen vorsichtig mit einer Grabegabel ausgraben. Kurzzeitige Trocknung in der Sonne macht die Knollen aromatischer. An einem kühlen Ort (Kiste mit feuchtem Sand) lagern.

Vermehrung Gelingt am besten über die kleinen Rhizome, die man wie Dahlien überwintert.

Mischkultur-Partner Gut geeignet zur Beschattung von flachwurzelnden Nachbarkulturen wie Salaten.

Empfehlenswerte Sorten
'Bekya': Sehr ertragreich, bräunliche Schale, weißes, weniger süßes Fruchtfleisch.
'Morado': Leuchtend rote Schale, sehr süße Sorte.

Verwendung Die Yakon kann roh gegessen werden. Dafür schält man sie und schneidet sie in Scheiben oder Würfel. Sie passt gut in Obstsalate, Gemüsesalate und kann zu Smoothies verarbeitet werden. Die Wurzel eignet sich zum Kurzbraten in Pfannengerichten, in Suppen, Eintöpfen oder Currys.

Wuchsform

Blüte

Steckbrief Kältetolerante Gemüsepflanze, einjährig kultiviert, mit krautigem aufrechtem Wuchs. Die Zwiebel wird aus einer scheibenförmig gestauchten Sprossachse gebildet, deren Blätter im unteren Teil fleischig verdickt sind. Hohle, runde Laubblätter, spitz zulaufend, ca. 30–100 cm lang. Sehr große Sortenvielfalt.

Weitere bekannte Namen Speisezwiebel, Küchenzwiebel, Gartenzwiebel, Sommerzwiebel, Hauszwiebel, Gemeine Zwiebel.

Herkunft Zwiebeln werden schon sehr lange weltweit kultiviert und zählen immer noch zu den beliebtesten Gemüsesorten. Im Laufe der Zeit ist die Sortenvielfalt immer größer geworden, während der landwirtschaftliche Anbau sich auf einige wenige Sorten beschränkt. Es lohnt sich, nach regionalen Sorten Ausschau zu halten, die an die jeweiligen Boden- und Klimabedingungen besonders gut angepasst sind.

Standort & Boden Mittelzehrer. Durchlässiger, sandig-lehmiger, humoser Boden. Sonniger, warmer Standort.

Wasserbedarf Gleichmäßige Wasserversorgung.

Aussaat Voranzucht von Ende Februar bis Ende März bei 15–20 °C empfehlenswert. Aussaat in Multitopfplatten oder in Aussaattöpfe, jeweils 2–3 Samenkörner, Saattiefe 2 cm. Später auf den stärksten Sämling vereinzeln. Direktsaat für den Sommeranbau ab Mitte März in Reihen, Saattiefe 2 cm. Später in der Reihe auf 5–10 cm vereinzeln.

Auspflanzen Vorgezogene Jungpflanzen ab Mitte/Ende April ins Beet pflanzen, Abstand 5–10 cm, Reihenabstand 20 cm. Alternativ können Sommersteckzwiebeln ab April oder Wintersteckzwiebeln ab August gesteckt werden. Die Sortenauswahl der Steckzwiebeln ist allerdings nicht sehr groß und selten in Bio-Qualität verfügbar.

Pflege Den Boden um die Zwiebeln herum gut mulchen. Eventuell direkt beim Auspflanzen zwischen die Reihen jeweils eine Reihe Möhren oder Sellerie säen, hilft aber allein nicht gegen die Zwiebelfliege, besser ein Kulturschutznetz darüber spannen.

Blüte Blüht ab Anfang Mai im 2. Jahr. Mehr als 100 Einzelblüten bilden eine kugelige Scheindolde.

Ernte Zwiebeln können an sonnigen, trockenen Tagen geerntet werden, sobald das Laub gelb wird oder von allein umfällt. Zur vollständigen Trocknung können sie noch ein paar Tage auf dem Beet liegen. Zwiebeln können am Laub gebündelt an einem trockenen, luftigen Ort (Schuppen, Carport) aufgehängt werden.

Vermehrung Über Samen im 2. Jahr blühender Pflanzen.

Mischkultur-Partner Karotten, Rote Bete, Pastinaken, Sellerie, Gurken, Salat.

Empfehlenswerte Sorten
'Stuttgarter Riesen': Frühe bis mittelfrühe, goldgelbe Sorte, gut lagerbar, oft als Steckzwiebel angeboten.
'Dresdner Plattrunde': Früh reifende, alte Sorte.
'Bamberger Birnenförmige': Alte gelbschalige Sorte.
'Rote Laaer': Violett-rote Sorte, an trockene Bedingungen angepasst.

Verwendung Zwiebeln kann man sich aus der Küche gar nicht mehr wegdenken. Sie geben den meisten Gerichten erst die richtige Würze. Wer sie roh nicht gut verträgt, sollte die geschmorte Variante verwenden. In einigen Regionen gibt es Rezepte, bei denen die Zwiebel das Hauptgemüse ist, wie beim Zwiebelkuchen oder der Französischen Zwiebelsuppe.

Zwiebel 'Stuttgarter Riesen'

Zwiebel 'Bamberger Birnenförmige'

Zwiebel

Allium cepa

Familie: Amaryllisgewächse (Amaryllidaceae)

Mehrjährig

Die Dauerbrenner – entspanntes Gärtnern mit Mehrjährigen

Einfacher als mit Gemüsesorten, die nur einmal gepflanzt und mehrjährig beerntet werden können, geht der Gemüseanbau wohl kaum. Viele unserer im Sommer angebauten Gemüse sind in ihrer ursprünglichen Heimat mehrjährig, vertragen aber keinen Frost und sind daher bei uns nur bei frostfreier Überwinterung mehrjährig. Der Aufwand dafür lohnt oft nicht.

Es gibt jedoch einige Gemüsesorten, die winterhart sind, sich meistens von alleine vermehren und ein gutes Wurzelsystem ausbilden. Die Dauerbrenner sind auch im Sommer pflegeleicht und müssen nicht so häufig gegossen werden.

Steckbrief Ausdauerndes, winterhartes Blattgemüse. Herzförmige Laubblätter mit leicht runzliger Oberfläche. Bräunlich rötliche Stängel bis 2 m hoch werdend, bei Rückschnitt buschig wachsend. Zieht im Winter ein. Kräftiges schwarzbraunes Rhizom. Pfahlwurzler.

Weitere bekannte Namen Riesen-Gänsefuß, Wilder Buchweizen.

Herkunft Die Pflanze ist ursprünglich in China, Bhutan, Nepal, Indien, Burma und Vietnam beheimatet und wächst gerne in feuchten Tälern und an Hängen.

Standort & Boden Mittelzehrer. Humoser, lockerer, sandig-lehmiger Boden, vor der Aussaat etwas mit Kompost anreichern. Sonniger bis halbschattiger Standort. Ideal als Vor- oder Nachkultur in abgeernteten Beeten, Hochbeeten, auch für Kübel und Balkonkästen geeignet.

Wasserbedarf Boden gleichmäßig feucht halten.

Aussaat Direktsaat von März bis Mai und ab August/September in Reihe oder breitwürfig (nur bei sehr unkrautfreiem Beet empfohlen), vereinzeln. Voranzucht im Spätsommer bei zu viel Hitze in Multitopfplatten. Keimtemperatur 10–18 °C, Saattiefe ca. 3–4 cm, Abstand 5 cm, Reihenabstand 20 cm. Möglichst nicht im Sommer aussäen.

Auspflanzen Ganzjährig im frostfreien Boden möglich, am besten im Frühjahr oder Herbst.

Pflege Sehr pflegeleichte Pflanze, winterhart bis –10 °C. Wurzelbereich im Winter mit Laub abdecken, im Frühjahr die Stängel bodennah abschneiden.

Blüte Rispenartiger Blütenstand, kleine weiße oder rosa Blüten.

Ernte Einzelne Blätter und Triebspitzen regelmäßig ernten. Die Triebe können mehrmals im Jahr zurückgeschnitten werden, sie treiben verzweigt wachsend wieder neu aus. Nicht zu tief schneiden, ein Drittel der Stängel sollte immer stehen bleiben.

Vermehrung Über Samen oder Teilung der Wurzelausläufer.

Mischkultur-Partner Möglichst in Einzelstellung.

Verwendung Junge Blätter eignen sich gut als Salatbeigabe oder für Smoothies. Ältere Blätter werden gekocht und wie Spinat zubereitet.

Blüte

Austrieb

Junger Seitentrieb

Ausdauernder Baum-Spinat

Fagopyrum cymosum

Familie: Knöterichgewächse (Polygonaceae)

Mehrjährig

Elefanten-knoblauch

Allium ampeloprasum **var.** ***ampeloprasum***

Familie: Amaryllisgewächse (Amaryllidaceae)

Mehrjährig

Steckbrief Winterhart, zur Gattung Lauch *(Allium)* gehörend, eine Varietät des Acker-Lauchs *(Allium ampeloprasum)* und verwandt mit dem Porree *(Allium porrum)*. Krautige, 150 cm hohe Stängel. Ganzrandige, länglich-schmale und flache, grüne Blätter. Unterirdische sehr große Knollen, die ca. 4–6 dicke Zehen ausbilden, 400–500 g pro Zehe. Oft nur ein- oder zweijährig kultiviert, selten mehrjährig angebaut.

Weitere bekannte Namen Ewiger Lauch, Orientalischer Knoblauch, Französischer Knoblauch.

Herkunft Wahrscheinlich ist der Elefantenknoblauch durch Auslese besonders großer Knollen entstanden. Hauptverbreitungsgebiet des Acker-Lauchs ist Südeuropa, Nordafrika und der Nahe Osten.

Standort & Boden Mittelzehrer. Nährstoffreicher, durchlässiger Boden. Sonniger Standort.

Wasserbedarf Gleichmäßige Wasserversorgung, Staunässe vermeiden. Gießen einstellen, sobald das Laub eintrocknet.

Anzucht Kein Vorziehen erforderlich.

Auspflanzen Einzelne Zehen oder Brutknöllchen im Frühjahr ab März oder im Herbst ab Oktober ca. 10 cm tief mit der Spitze nach oben in die Erde stecken, 20 cm Abstand in der Reihe und zwischen den Reihen. Beet vor der Pflanzung gut mit Kompost versorgen. Auch als Einzelpflanzen zwischen anderen Kulturen.

Pflege Boden mulchen. Blüte ausbrechen.

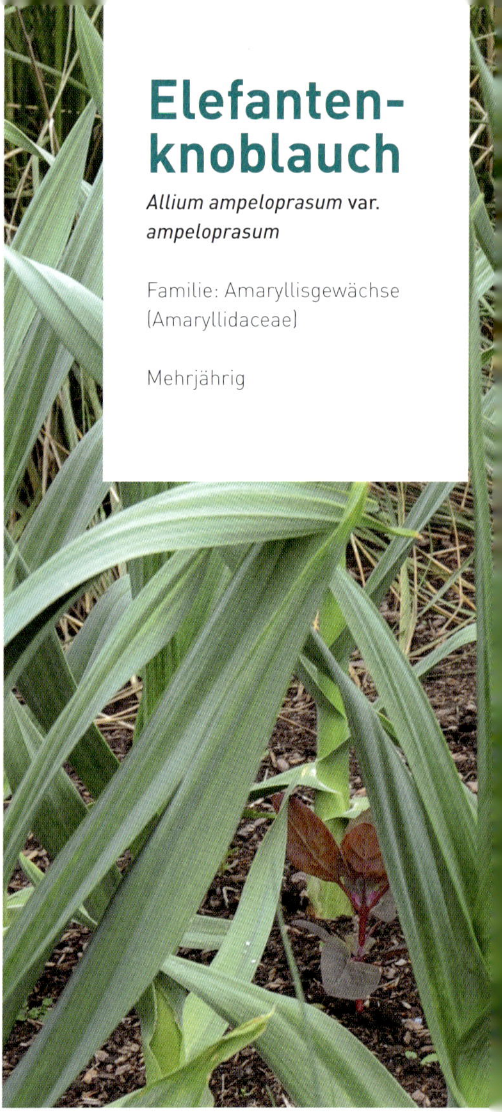

Vergleich mit Knoblauch *(Allium sativum)*

Junger Austrieb

Blüte Blütezeit Juni bis August. Kugelförmige, doldige Blütenstände mit rosa oder weißen sterilen Einzelblüten.

Ernte Grünes Laub ab Frühjahr ernten. Sobald das Laub welk wird, ca. ab Juli die Knollen vorsichtig mit der Grabegabel ausgraben. An einem kühlen und trockenen Platz längere Zeit lagerbar. Wenn die Zwiebeln in der Erde bleiben, können regelmäßig die Stängel wie bei Schnittlauch geschnitten werden. Überwinternde Pflanzen treiben im Frühjahr neu aus.

Vermehrung Nur vegetative Vermehrung, Abtrennen der kleinen Brutknöllchen von der Hauptzwiebel oder Stecken einzelner Zehen.

Mischkultur-Partner Kohl, Kopfsalat, Möhren, Sellerie, Tomaten, Gurken.

Verwendung Alle Teile des Elefantenknoblauchs sind essbar. Er kann wie Knoblauch verwendet werden, ist aber deutlich milder im Geschmack und weniger geruchsintensiv.

Erdbirne

Apios americana

Familie: Hülsenfrüchtler (Fabaceae)

Mehrjährig, winterhart

Steckbrief Ausdauernde, krautige, sich im Uhrzeigersinn windende Rankpflanze, ca. 3 m hoch werdend. Unpaarig gefiederte Laubblätter mit 5–7 Fiederblättern. Bildet unterirdisch fleischige braune 5–10 cm große Rhizomknollen mit weißem Fruchtfleisch, geschmacklich wie eine Mischung aus Haselnuss, Esskastanie und Süßkartoffel. Aus den Blüten entwickeln sich grüne Hülsenfrüchte.

Weitere bekannte Namen Indianerbirne, Kartoffelbohne, Apios.

Herkunft Die Erdbirne stammt ursprünglich aus Nordamerika und war dort eine bedeutende Nahrungspflanze der indigenen Bevölkerung. Sie bewährte sich auch als wichtige Nahrungsquelle für die ersten Einwanderer, die in das Land strömten.

Standort & Boden Schwachzehrer. Lockerer, humoser Boden. Warmer und sonniger bis halbschattiger Standort. Gut geeignet für große Kübel, ein Bambus-Tipi oder einen Rankobelisken, an Zäunen rankend ideal als Sichtschutz.

Wasserbedarf Gleichmäßige Wasserversorgung; Staunässe vermeiden.

Anzucht Kaltkeimer, daher ab Februar oder im Herbst in Töpfe säen und kühl stellen. Vortreiben der Knollen ca. 3–4 Wochen vor dem Pflanztermin im März ist möglich.

Auspflanzen Knollen im Frühjahr ab März bis Ende April oder im Herbst ins Beet oder einen großen Kübel pflanzen, Boden mit Kompost vorbereiten. Benötigt wie Stangenbohnen eine Rankhilfe. Knollen breiten sich wie an einer Perlenschnur aufgereiht aus.

Pflege Pflegeleichte Pflanze, die kaum Dünger benötigt. Symbiose mit Knöllchenbakterien in der Erde sichert die Stickstoffversorgung. Erdbirnen im Kübel im Herbst zurückschneiden und frostfrei überwintern.

Blüte Zwittrige, braun-rote Schmetterlingsblüten ähnlich der Lupine.

Ernte Knollen erst ab dem 2. Jahr ernten, um die Pflanze nicht zu schwächen. Ernte ganzjährig bei frostfreiem Boden möglich, empfehlenswert ab Herbst, nachdem die oberirdischen Pflanzenteile abgestorben sind. Nach Entfernen der Stängel vorsichtiges Ausgraben der Wurzelknollen mit einer Grabegabel. Nach Bedarf ernten, zur Vermehrung einige Knollen in der Erde belassen.

Vermehrung Gelingt am besten über Knollen, die im Boden überwintern oder gepflanzt werden, schwieriger über gekaufte Samen. Keimfähige Samen werden bei uns nicht ausgebildet.

Mischkultur-Partner Erdbirne lieber in Einzelstellung pflanzen, gut zum Beschatten anderer Kulturen geeignet.

Verwendung Die Erdbirne kann nach dem Schälen roh gegessen werden. Gekocht wird sie am besten mit der Schale und eignet sich für alle Kartoffelgerichte. Mit ihrem hohen Proteingehalt (17 %) ist sie eine gut sättigende Beilage.

Blüte

Steckbrief Aufrechter Wuchs mit hohlen, runden Lauchstängeln, spitz zulaufend, ca. 30–40 cm lang. Im Sommer bilden sich an den spitz zulaufenden Zwiebelröhren kleine Brutzwiebeln, woraus mittig eine neue Zwiebelröhre wächst, an der sich die nächste Etage mit Brutzwiebeln bilden kann. Durch das Gewicht neigen sich die Zwiebeln oft zum Boden und wurzeln dort an. Bildet keine großen Zwiebeln aus. Zieht im Winter ein.

Weitere bekannte Namen Ägyptische Zwiebel, Luftzwiebel, Ausdauernde Zwiebel.

Herkunft Vermutlich in Sibirien aus einer Kreuzung von Küchenzwiebel *(Allium cepa)* und Lauchzwiebel *(Allium fistulosum)* entstanden.

Standort & Boden Mittelzehrer. Durchlässiger humoser Boden. Vollsonniger, warmer Standort.

Wasserbedarf Gleichmäßige Wasserversorgung, Boden nicht austrocknen lassen, Staunässe vermeiden.

Aussaat Nur vegetative Vermehrung über die Brutzwiebeln.

Auspflanzen Ab Frühjahr bis zum Spätsommer, als Lückenfüller in Horsten oder einzeln, Pflanzabstand 10 cm, Horst- und Reihenabstand 20–25 cm, nicht frostempfindlich.

Pflege Nach der Ernte der Luftzwiebeln können die Stängel komplett zurückgeschnitten werden, um den Neuaustrieb anzuregen. Mit wenig Kompost oder kaliumbetont organisch düngen, wenig Stickstoffdünger. Boden mulchen.

Blüte Nicht vorhanden.

Ernte Die kleinen Luftzwiebeln (Brutzwiebeln) werden ab dem Sommer fortlaufend geerntet. Junge Zwiebelröhren können abgeschnitten und ebenfalls verwendet werden.

Mischkultur-Partner Feldsalat, Rucola, Kopfsalat, Radiccio, Rote Beete, Möhre, Pastinake, Petersilienwurzel, Schwarzwurzel, Kohlgemüse, Sellerie, Tomaten, Paprika, Zucchini.

Verwendung Die würzigen, kleinen Zwiebeln eignen sich sehr gut zum Einlegen, allein oder zusammen mit Gurken. Klein gehackt in Olivenöl angebraten, schmecken sie süßlich-scharf. Die jungen Zwiebelröhren können für Salate und Dips verwendet werden.

Junger Austrieb

Bildung der zweiten Etage

Etagenzwiebel

Allium cepa var. *proliferum*
(Syn. *Allium cepa* var. *viviparum*)

Familie: Amaryllisgewächse
(Amaryllidaceae)

Mehrjährig, winterhart

Ewiger Kohl

Brassica oleracea var. *ramosa*

Familie: Kreuzblütler (Brassicaceae)

Ausdauernd, mehrjährig

Steckbrief Winterhartes Kohlgewächs, immergrün, krautig, bis 1 m hoch, verzweigter Wuchs. Blätter hellgrün, am Rand leicht gewellt, lange Blattstiele. Kräftiges, verzweigtes Wurzelsystem. Großer Platzbedarf in der Fläche. Bildet keine Kohlköpfe aus.

Weitere bekannte Namen Irischer Blattkohl, Tausendkopfkohl, Stauden-Kohl, Strauch-Kohl.

Herkunft Die Herkunft des Ewigen Kohls ist nicht bekannt. Vermutet wird, dass er von einer wilden Kohlart abstammt. Erstmalig wurde die Art vom Schweizer Botaniker Auguste Pyrame de Candolle (1778–1841) beschrieben.

Standort & Boden Starkzehrer. Nährstoffreicher Boden. Sonniger Standort. Kann mehrere Jahre am selben Standort verbleiben. Macht sich gut am Rand von Beeten, Hochbeeten und im Blumenbeet.

Wasserbedarf Gleichmäßige Wasserversorgung.

Anzucht Aussaat nicht möglich, da der Kohl nicht blüht. Triebstecklinge aus den Verzweigungen vorhandener Pflanzen im Herbst schneiden.

Auspflanzen Im Frühjahr oder Herbst. Frostverträglich. Benötigt ca. 1 qm Fläche. Beet ausreichend mit Kompost vorbereiten.

Pflege Regelmäßig alle 2 Wochen mit Flüssigdünger versorgen. Bei Temperaturen unter −10 °C mit Vlies abdecken. Regelmäßig Stecklinge schneiden, damit Ersatz da ist, falls die Pflanze doch erfriert.

Blüte Nicht blühend.

Ernte Fortlaufend möglichst junge Blätter oder Seitentriebe ernten. Nach Schneiden des Haupttriebs wachsen Seitentriebe nach.

Vermehrung Nur vegetative Vermehrung. Spätestens ab September Stecklinge schneiden und im Wasserglas oder direkt in kleinen Anzuchttöpfen bewurzeln lassen.

Mischkultur-Partner Bohnen, Dill, Endivien, Erbsen, Kartoffeln, Kopfsalat, Lauch, Sellerie, Spinat, Tomaten.

Empfehlenswerte verwandte Art
Meerkohl *(Crambe maritima)*: Ausdauernder Blattkohl, gegessen werden die zart wie Brokkoli schmeckenden, gedünsteten Blattstiele.

Verwendung Die jungen Blätter können roh in Salaten verwendet werden. Ältere, größere Blätter eignen sich für alle bekannten Kohlgerichte.

Ewiger Kohl, Verzweigungen

Meerkohl *(Crambe maritima)*

Steckbrief Krautige Gemüsepflanze mit kräftigem Wurzelstock, aus dem im April die Sprosse austreiben, die jung als essbares Gemüse geerntet werden. Ab Mitte Juni können die schlanken, aufrechten Stängel eine Höhe von bis zu 150 cm erreichen. Sehr weiche und nadelförmige, hellgrüne Blätter, verzweigt und bogig überhängend. Geschmacklich aromatischer als der Bleichspargel.

Weitere bekannte Namen Gartenspargel, Gemüsespargel.

Herkunft Der Grüne Spargel war bereits in der Antike eine beliebte Gemüsepflanze und wurde von den Ägyptern und Griechen geschätzt. Er kommt ursprünglich wild im Mittelmeerraum vor. Obwohl die alten Römer ihn in Ravenna angebaut haben sollen, geriet er für Jahrhunderte in Vergessenheit. Während der Renaissance erinnerte man sich an den Grünen Spargel und er wurde vor allem in Italien wieder angebaut.

Standort & Boden Starkzehrer. Lockerer, tiefgründiger, bevorzugt humusreicher, kalkhaltiger und lehmig-sandiger Boden, der wurzel- und steinfrei sein sollte. Sonniger Standort. Da die Pflanzen bis zu 10 Jahre an ihrem Standort bleiben können, im Vorjahr bodenverbessernde Kulturen anbauen wie Bohnen oder Gründünger oder gut mit Kompost und Gesteinsmehl vorbereiten.

Wasserbedarf Boden gut feucht halten, bei Trockenheit ein- bis zweimal pro Woche durchdringend wässern. Staunässe vermeiden.

Aussaat Im März/April die Samen in kleinen Töpfen oder Multitopfplatten vorziehen, Aussaat ca. 1 cm tief. Ab einer Höhe von 10 cm die Jungpflanzen pikieren oder umpflanzen. Bei Aussaat dauert die Kultur bis zur Ernte ein Jahr länger als bei Verwendung austreibender Wurzelstücke.

Auspflanzen Ab April bis Mai können austreibende Wurzelstücke gepflanzt werden. Sämlinge erst nach den Eisheiligen auspflanzen. Bei größerer Pflanzenanzahl am besten einen Graben 30 cm tief und breit ausheben, mit 10 cm Kompost und organischem Langzeitdünger auffüllen, die Wurzeln sternförmig ausbreiten und mit humusreicher Erde auffüllen, Pflanzabstand 30 cm.

Pflege Pflegeleichte Pflanze, die von April bis zum Johannistag (24. Juni) geerntet werden kann. Boden gleichmäßig feucht halten, aber nicht zu nass. Unkraut regelmäßig entfernen, um die Konkurrenz um Nährstoffe und Wasser zu reduzieren. Boden mulchen. Dünne, schwache Spargelaustriebe bodennah kürzen. Nach der Ernte düngen. Spargelkraut im Herbst abschneiden.

Blüte Blütezeit Frühsommer. Eingeschlechtliche Blüten, männliche und weibliche Pflanzen. Blüten klein, glockenförmig, meist weiß oder blassrosa gefärbt, in lockeren Büscheln an den Spitzen der Triebe. Insektenbestäubung. Die Früchte (Beeren) sind scharlachrot und giftig.

Ernte Grünen Spargel frühestens ab dem 2. Jahr nach dem Pflanzen ernten. Spargelstangen mit einem scharfen Messer oder einer Gartenschere abschneiden, wenn sie eine Länge von etwa 15–20 cm erreicht haben. Knapp über der Bodenoberfläche abschneiden, um das Wachstum neuer Stangen anzuregen.

Grüner Austrieb im Sommer

Samenkapseln

Grüner Spargel

Asparagus officinalis

Familie: Spargelgewächse (Asparagaceae)

Mehrjährig, winterhart

Vermehrung Über Saatgut des blühenden Spargels, reife Früchte färben sich braun.

Mischkultur-Partner Mischkultur mit Buschbohnen, Chinakohl, Erbsen, Gurken, Kohlrabi, Salate und Tomaten; nur in den ersten beiden Jahren zu empfehlen, wenn noch nicht geerntet wird.

Empfehlenswerte Sorten
'Mary Washington': Hellgrüne, leicht violette Stangen.
'Huchels Schneewittchen': Grüne Stangen; frühe bis mittelfrühe Ernte.
'Jacquma Poupré': Violette Stangen.

Verwendung Der Grüne Spargel wird vor allem als Gemüse geschätzt und in der Küche vielseitig verwendet. Das untere Drittel muss geschält werden, alle anderen Teile sind auch roh essbar. Geschmacklich passt er sehr gut zu Pasta, aber auch klein geschnitten und kurz angebraten in asiatische Wokgerichte, Gemüsepfannen, Salate und Suppen.

Steckbrief Ausdauerndes, krautig wachsendes Lauchgewächs, das mit fast jedem Wetter zurechtkommt. Bildet Zwiebeln, aus denen im Frühjahr ein bis zwei grüne, dünne Röhrenblätter treiben, die 0,5–1 cm dick und ca. 20 cm hoch werden. Vermehrt sich vegetativ durch die Bildung von Tochterzwiebeln. Laub im Winter einziehend.

Weitere bekannte Namen Graslauch, Binsenlauch, Brislauch, Grusenich, Jakobszwiebel, Schnittling.

Herkunft Schnittlauch kommt in vielen Gegenden Europas und Asiens in alpinen und subalpinen Hochgebirgszonen wild wachsend vor. Da die Pflanze auch aus den Gärten verwildert, ist die genaue Herkunft gar nicht mehr feststellbar.

Standort & Boden Mittelzehrer. Frischer, durchlässiger, humoser und kalkhaltiger Boden. Sonniger bis halbschattiger oder schattiger warmer Standort. Wächst sehr gut in Kübeln und Kästen, auch im Schatten von höheren Kulturen, als Beetbegrenzung geeignet.

Wasserbedarf Gleichmäßige Wasserversorgung.

Aussaat Kaltkeimer. Voranzucht ab Mitte März bei Temperaturen unter 18 °C. In Aussaattöpfe oder in Multitopfplatten säen, 5–6 Samenkörner, Saattiefe 1 cm.

Auspflanzen Vorgezogene Jungpflanzen ab Mitte/Ende April ins Beet pflanzen, bei Pflanzung in Reihe Abstand 10 cm, Reihenabstand 20 cm.

Pflege Den Boden um den Schnittlauch herum gut mulchen, unbedingt von Gras fernhalten. Eventuell direkt beim Auspflanzen zwischen die Reihen jeweils eine Reihe Möhren säen. Bei zu viel Sonne schattieren oder Kübel umstellen. Für frisches Grün im Winter ein Teilstück ausgraben und in einen Topf pflanzen, nach dem Frost im Haus auf die Fensterbank stellen, treibt sofort aus.

Blüte Blüht ab Mai im 2. Jahr. Zwittrige, glockenförmige rosa Blüten bilden eine Blütenkugel. Vertrocknete Blütenköpfe ab Juli zur Saatgutgewinnung ernten.

Ernte Bevorzugt im Frühjahr ernten. Fortlaufendes Schneiden der Röhren verhindert ein vorzeitiges Blühen.

Vermehrung Über Samen und durch Teilung der Horste, die von den Tochterzwiebeln gebildet werden.

Mischkultur-Partner Karotten, Salbei, Erdbeeren.

Berg-Lauch *(Allium montanum)*

Schnittknoblauch *(Allium tuberosum)*

Schnittlauch

Allium schoenophrasum

Familie: Amaryllisgewächse (Amaryllidaceae)

Mehrjährig, winterhart

Empfehlenswerte verwandte Arten
Schnittknoblauch *(Allium tuberosum)*: Flache Blätter mit leichtem Knoblaucharoma, weiße essbare Blüten im August/September.
Berg-Lauch *(Allium montanum)*: Flache Blätter, violette essbare Blüten im Juli/August.
Kantiger Lauch *(Allium angulosum)*: Wintergrün; flache Blätter, rosa Blüten.

Verwendung Schnittlauch gehört zu den beliebtesten Küchenkräutern und ist ohne Probleme in fast jedem Supermarkt zu haben. Ganz frisch bekommt man ihn aber nur aus dem eigenen Garten und das fast ganzjährig. Schnittlauch sollte immer frisch geschnitten und gleich verwendet werden. Er passt klein geschnitten zum Rührei, in Salate, auf das Tomatenbrot oder in den Kräuterquark. Auch die Blüten sind essbar und eine tolle Dekoration auf Salaten.

Topinambur

Helianthus tuberosus

Familie: Korbblütler (Asteraceae)

Mehrjährig, winterhart

Steckbrief Ausdauerndes, aufrecht wachsendes Knollengemüse, 2–3 m hoch werdend. Verwandtschaft zur Sonnenblume vor allem an der Wuchsform erkennbar. Stängel im oberen Bereich verzweigt, rau behaart. Herzförmige Blätter ebenfalls rau behaart. Bildet unterirdische Speicherorgane, oberirdische Triebe sterben bei Frost ab. Knollen frosthart bis −30 °C. Nussartiger, artischockenähnlicher Geschmack. Hoher Gehalt an Inulin, einem Ballaststoff, der für den Menschen nicht verdaulich ist.

Weitere bekannte Namen Jerusalemartischocke, Erd-Sonnenblume, Ewigkeitskartoffel, Knollen-Sonnenblume, Erdartischocke, Zuckerkartoffel.

Herkunft Die Topinambur soll ursprünglich aus Mexiko stammen. Französische Auswanderer brachten sie 1610 von Nordamerika nach Paris, nachdem die Knollen sie vor einer Hungersnot gerettet hatten. Sie war lange Zeit ein beliebtes Gemüse, bis sie 1750 von der Kartoffel verdrängt wurde.

Standort & Boden Schwachzehrer. Lockerer, am besten sandiger Boden. Warmer und sonniger Standort. Gut geeignet für große Kübel, im Beet mit Wurzelsperre, als Sichtschutz und Windschutz.

Wasserbedarf Gleichmäßige Wasserversorgung. Staunässe vermeiden.

Auspflanzen Knollen ab Mitte März bis Ende April oder von Oktober bis November ca. 10 cm tief pflanzen, Abstand 60 x 50 cm. Boden mit Kompost vorbereiten. Aufgrund der starken Ausläuferbildung ist eine Rhizomsperre oder viel Abstand zum Gemüsebeet empfehlenswert.

Pflege Robuste Pflanze, die wenig Pflege benötigt. Boden von Bewuchs frei halten. Nicht unterpflanzen, da der Platz für die Knollenbildung benötigt wird.

Blüte Blütezeit August bis November. Kleine, gelbe Blüten in Köpfchen, ähnlich der Sonnenblume, die in den oberen Blattachseln wachsen.

Ernte Sobald die Pflanzen den ersten Frost bekommen haben, sterben die oberirdischen Pflanzenteile ab. Nach Entfernen der Stängel vorsichtiges Ausgraben der Wurzelknollen mit einer Grabegabel. Nach Bedarf ernten, da sich die Knollen nicht lange lagern lassen.

Vermehrung Gelingt am besten über Knollen im Frühjahr oder Herbst.

Mischkultur-Partner In Einzelstellung pflanzen.

Empfehlenswerte Sorten
'Gute Gelbe': Rundliche, gleichmäßige und glatte Knollen; gilt als beste Speisesorte.
'Bianca': Schwachwachsende Sorte mit walzen- bis birnenförmigen Knollen.

Verwendung Die Topinambur kann nach dem Schälen roh gegessen werden. Sie eignet sich genau wie die Kartoffel zum Braten, für Pürees und Suppen.

Blüten

Knollen

Steckbrief Ausdauerndes Zwiebelgewächs, das oft nur einjährig kultiviert wird. Krautiger aufrechter Wuchs mit hohlen, runden Lauchstängeln, spitz zulaufend, ca. 30–100 cm lang. Horstbildend. Bildet keine großen Zwiebeln aus. Im Winter einziehend, treibt bereits im Spätwinter neu aus.

Weitere bekannte Namen Frühlingszwiebel, Winterzwiebel, Lauchzwiebel, Sibirische Zwiebel, Röhrenzwiebel, Ewige Zwiebel, Jungzwiebel, Schlottenzwiebel, Zwiebelröhrl.

Herkunft Sehr alte, ausdauernde Kulturpflanze aus dem Orient, wahrscheinlich bereits vor 2000 Jahren in China angebaut. Wild wachsende Vorkommen von Sibirien über Russland. Im 17. Jh. nach Europa eingeführt.

Standort & Boden Mittelzehrer. Durchlässiger, humoser Boden. Sonniger, warmer Standort.

Wasserbedarf Gleichmäßige Wasserversorgung, Boden nicht austrocknen lassen.

Aussaat Dunkelkeimer. Von März bis August bei 15–20 °C in Multitopfplatten im Haus aussäen, 1 cm tief 5–6 Samenkörner, oder in Aussaatschalen im Abstand von 2 cm. Später auf 1 cm vereinzeln.

Auspflanzen Ab Frühjahr bis zum Spätsommer, als Lückenfüller in Horsten oder einzeln. Pflanzabstand 10 cm, Horst- und Reihenabstand 20–25 cm. Nicht frostempfindlich.

Pflege Boden mulchen. Mit wenig Kompost oder kaliumbetont organisch düngen, nicht zu viel Stickstoffdünger.

Blüte Blütezeit ab Anfang Mai im 2. Jahr. Blütenstände mit durchscheinenden Hüllblättern. Blüten weiß, in kugeligen Blütenständen.

Ernte Fortlaufend die jungen Röhren schneiden oder als einjährige Kultur die gesamte Pflanze ca. 3 Monate nach der Aussaat als Frühlingszwiebeln ernten. Junge Blüten essbar.

Vermehrung Zur Saatgutgewinnung ab Juli verblühte Blütenköpfe abschneiden. Alle 3–4 Jahre Teilung der horstbildenden Pflanzen im Frühjahr.

Mischkultur-Partner Feldsalat, Rucola, Kopfsalat, Radiccio, Rote Beete, Möhre, Pastinake, Petersilienwurzel, Schwarzwurzel, Kohlgemüse, Sellerie, Tomaten, Paprika, Zucchini.

Verwendung Die jungen Lauchstängel können, ähnlich wie Schnittlauch, fein geschnitten, roh in Salate, Dips und Quark gegeben werden. Gut geeignet als Topping für Suppen oder asiatische Wokgerichte, möglichst nicht oder nur kurz kochen. Die Winterheckenzwiebel treibt oft schon vor dem Schnittlauch aus und liefert sehr zeitig im Jahr frisches Grün.

Geöffnete Blüte

Blüte mit leicht geöffneter Hülle

Winterhecken-zwiebel

Allium fistulosum

Familie: Amaryllisgewächse (Amaryllidaceae)

Mehrjährig, winterhart

Mediterrane Würze – wärmeliebende Kräuter für Garten und Fensterbank

Mediterrane Kräuter sorgen für südliches Flair und dürfen in keinem Garten fehlen. Sie sind gesund und liefern eine wunderbare Würze für Gerichte der Mittelmeerküche. Die meisten mediterranen Kräuter fühlen sich am sonnigsten Standort im Garten und ohne Beschattung wohl und müssen kaum gegossen werden. Sie vertragen Hitze und Trockenheit auch über einen längeren Zeitraum ohne Probleme. Wenn wir bei der Sortenwahl von ausdauernden Kräutern besonders auf gute Winterhärte achten, haben wir viele Jahre Freude an ihnen. Die frostempfindlicheren Sorten sind auch in Töpfen und Kübeln ein dekorativer Anblick auf Terrasse oder Balkon.

Steckbrief Ausdauernder, nicht winterharter, ca. 1,5 m hoch werdender Halbstrauch, verzweigt wachsend, im Alter im unteren Teil verholzend. Alle Pflanzenteile behaart, sehr flaumige, bis 9 cm lang werdende Laubblätter. Bei Berührung sehr aromatisch, nach Zitrone duftend.

Herkunft Wie der Name bereits verrät, stammt das Zitronenblatt ursprünglich aus Australien. Es wächst wild in der Nähe der Ortschaft Mount Carbine, im tropischen Teil von Queensland. Botanisch ist die Art noch unbestimmt. Es wird vermutet, dass es sich um eine Unterart von *Plectranthus bellus* handeln könnte.

Standort & Boden Sonniger bis halbschattiger, warmer Standort. Frischer, humusreicher Boden. Wächst sehr gut in Kübeln und Kästen mit guter Drainage in durchlässigem, nährstoffreichem Substrat, im Sommer auch im Hochbeet. Kann auch ganzjährig im Haus auf der Fensterbank wachsen.

Wasserbedarf Gleichmäßige Wasserversorgung. Trockenheit wird kurzzeitig gut vertragen.

Anzucht Ca. 10 cm lange Kopf- oder Teilstecklinge können ganzjährig geschnitten werden. Sie bewurzeln innerhalb einer Woche im Wasserglas oder direkt in der Erde.

Auspflanzen Vorgezogene Jungpflanzen frühestens ab Mitte Mai, nach den Eisheiligen, nach draußen pflanzen, vorher gut abhärten.

Pflege Das Zitronenblatt ist sehr pflegeleicht und hitzeverträglich. Bei der Pflanzung am besten einen organischen Langzeitdünger mit in den Topf geben. Regelmäßiges Schneiden hält die Pflanze kompakt und ist notwendig, damit die Triebe nicht zu lang werden und umfallen. Die Pflanze ist nicht winterhart und sollte bei 15–20 °C im Haus überwintert werden.

Blüte Blüten erscheinen selten bei regelmäßigem Schnitt. Ungeschnitten erscheinen im Spätsommer bis Herbst lange Blütenkerzen an der Spitze der Pflanzen mit kleinen blassblauen oder violetten Lippenblüten.

Ernte Triebe möglichst regelmäßig über einer Blattachsel schneiden oder einzelne Blätter abzupfen. Wird eine größere Menge an Trieben zurückgeschnitten, können die Stängel zusammengebunden und kopfüber zum Trocknen aufgehängt werden. Die Blätter bleiben noch lange grün.

Vermehrung Über Kopf- oder Teilstecklinge. Saatgutgewinnung ist nicht möglich, da das Zitronenblatt in unseren Breiten nur selten und erst im Herbst blüht, sodass die Samen nicht ausreifen können.

Bewurzeln von Kopfstecklingen

Pflanze

Australisches Zitronenblatt

Plectranthus species

Familie: Lippenblütler (Lamiaceae)

Mehrjährig, wärmeliebend

Pflanzpartner Passt gut zu anderen mediterranen Pflanzen, die feuchtes Substrat bevorzugen, wie z. B. Basilikum. Praktischer ist die Einzelstellung im Kübel, um die Pflanze im Herbst einfacher ins Haus zu holen. Im Gewächshaus gepflanzt soll das Zitronenblatt Schädlinge wie die Weiße Fliege in der Nähe abhalten.

Verwendung Das Australische Zitronenblatt ist noch nicht so bekannt in unseren Breiten. Die frischen Blätter eignen sich gut für die Zubereitung von Tees, Mixgetränken oder zum Aromatisieren von sommerlichen Erfrischungsgetränken. Es kann überall dort verwendet werden, wo ein zitroniges Aroma gewünscht ist. In asiatischen Gerichten wie indischen oder thailändischen Currys ist das Zitronenblatt ein guter Ersatz für Zitronengras.

Berg-Bohnenkraut

Satureja montana

Familie: Lippenblütler (Lamiaceae)

Mehrjährig

Steckbrief Ausdauernder, winterharter Halbstrauch, 20–40 cm hoch werdend, aufrecht buschig wachsend, im unteren Teil verholzend. Immergrüne schmal-lanzettliche Blätter mit glatter Oberfläche, Blatttrand behaart. Tiefgehendes Wurzelsystem, Aroma ähnelt dem Oregano.

Weitere bekannte Namen Winter-Bohnenkraut.

Herkunft Berg-Bohnenkraut kommt ursprünglich in den Gebirgsregionen der Mittelmeerländer und des Balkans in Höhen bis 1500 m NHN vor.

Standort & Boden Schwachzehrer. Sandig-kiesiger, kalkhaltiger, durchlässiger und nährstoffarmer Boden. Sonniger, warmer Standort. Wächst sehr gut in Kübeln und Kästen mit guter Drainage, in der Kräuterspirale oder im Steingarten.

Wasserbedarf Gering. Staunässe oder Winternässe vermeiden.

Aussaat Lichtkeimer. Ab April den Samen auf die Oberfläche einer Aussaatschale säen, nur ganz dünn mit Erde bedecken. Keimt bei 20 °C ungefähr nach 1–2 Wochen. In Töpfe pikieren. Vor dem Auspflanzen gut abhärten.

Auspflanzen Vorgezogene Jungpflanzen frühestens ab Mitte Mai, nach den Eisheiligen, nach draußen pflanzen. Gekaufte Jungpflanzen bevorzugt im Frühjahr pflanzen.

Blüte Blütezeit August bis September. Hellviolette oder rosa Lippenblüten.

Pflege Berg-Bohnenkraut benötigt wie andere mediterrane Kräuter nur wenig Wasser und liebt es trocken. Regelmäßiges Schneiden fördert ein buschiges Wachstum. In der Regel ist das Berg-Bohnenkraut gut winterhart. Töpfe und Kübel können mit Schafwollvlies umwickelt werden und geschützt vor Winternässe an der Hauswand stehen. Im Frühjahr um zwei Drittel zurückschneiden.

Ernte Kann fast ganzjährig geerntet werden. Regelmäßig die Triebspitzen oder Stängel schneiden. Zum Trocknen kurz vor der Blütezeit schneiden und trocken und luftig aufhängen.

Vermehrung Über Samen oder im Sommer geschnittene Kopfstecklinge.

Pflanzpartner Passt gut zu Rosmarin, Lavendel oder anderen mediterranen Kräutern mit den gleichen Standortansprüchen.

Empfehlenswerte Sorten

'Aromakugel': Besonders aromatische Blätter; kugeliger Wuchs.

'Satyrion': Sehr blütenreich, zart rosalila Blüten; 40–50 cm hoch.

Verwendung Berg-Bohnenkraut ist aromatischer als das einjährige Sommer-Bohnenkraut *(Satureja hortensis)*. Es verholzt recht schnell und wird am besten als kompletter Stängel in Suppen, Saucen oder zu Bohnengerichten gegeben. Einzelne Blättchen von der Triebspitze können anstelle von Oregano auf die Pizza gestreut werden.

Steckbrief Ausdauernder, teils winterharter Halbstrauch, 30–60 cm hoch, verzweigt, im Alter im unteren Teil verholzend. Blätter schmal, länglich, graugrün bis silber-grün gefärbt, flaumig behaart. Tiefgehendes Wurzelsystem. Sehr gut schnittverträgliche Heil-, Würz- und Aromapflanze.

Weitere bekannte Namen Garten-Lavendel.

Herkunft Lavendel wächst ursprünglich an trockenen, felsigen Hängen im Mittelmeerraum.

Standort & Boden Schwachzehrer. Sandig-kiesiger, nährstoffarmer, kalkhaltiger und durchlässiger Boden. Sonniger, warmer Standort. Wächst sehr gut in Kübeln und Kästen mit guter Drainage, etwas erhöht in der Kräuterspirale oder im Steingarten, im vorderen Beetbereich auf Mauerkronen.

Wasserbedarf Gering. Staunässe oder Winternässe vermeiden.

Aussaat Lichtkeimer. Ab April den Samen auf die Oberfläche einer Aussaatschale säen, nur ganz dünn mit Erde bedecken. Keimt bei 15–20 °C ungefähr nach 2–3 Wochen. In Töpfe pikieren. Vor dem Auspflanzen gut abhärten.

Auspflanzen Vorgezogene Jungpflanzen frühestens ab Mitte Mai, nach den Eisheiligen, nach draußen pflanzen. Gekaufte Jungpflanzen bevorzugt im Frühjahr pflanzen.

Blüte Blütezeit Juni bis Juli. Lippenblüten blau-lila, violett bis hin zu weiß oder rosa in lang gestielten, dichten Blütenständen.

Pflege Lavendel benötigt nur wenig Wasser und liebt es trocken. Seine behaarten Blätter schützen ihn vor Hitze und Verdunstung. Regelmäßiges Schneiden im Frühjahr und nach der Blüte fördert ein buschiges Wachstum. Gegen das Verholzen der Sträucher hilft am besten ein stärkerer Rückschnitt bis etwas in die verholzten Triebe. In sehr milden Regionen ist dann sogar eine zweite Blüte im Spätsommer möglich. Für eine bessere Winterhärte bleiben die Lavendelsträucher im Herbst am besten ungeschnitten. Töpfe und Kübel können mit Schafwollvlies umwickelt werden und geschützt vor Winternässe an der Hauswand stehen.

Ernte Einzelne Triebe um ca. zwei Drittel schneiden. Zum Trocknen für Lavendelsäckchen während der Blütezeit schneiden und trocken und luftig aufhängen. Ab September nicht mehr schneiden.

Vermehrung Über Samen (nur die Wildform ist auf diese Weise vermehrbar) oder im Sommer geschnittene Kopfstecklinge.

Pflanzpartner Passt gut zu Rosmarin, Salbei oder anderen mediterranen Kräutern mit den gleichen Standortansprüchen. Schnittgut geeignet als Mulchmaterial bei Möhren, Zwiebeln und Kohlpflanzen zum Abhalten von Schädlingen. Nicht

Echter Lavendel

Französischer Zahnlavendel

Echter Lavendel

Lavandula angustifolia

Familie: Lippenblütler (Lamiaceae)

Mehrjährig, wärmeliebend

zu dicht neben Rosen pflanzen, da dort zu viele Nährstoffe im Boden sind – mit etwas Abstand funktioniert es gut.

Empfehlenswerte Arten und Sorten
'Hidecote Blue': Dunkelblauviolette Blüten, graublaue Blätter, winterhart.
'Munstead': Lavendelblaue Blüten, winterhart.
Französischer Zahnlavendel *(Lavandula dentata)*: Sehr dekorative blaugraue, gezahnte Blätter, frostfreie Überwinterung bei 5–15 °C.

Verwendung Lavendel ist ein duftendes Würzkraut, das zu vielen mediterranen Gerichten passt, aber wegen des intensiven Geschmacks vorsichtig dosiert werden muss. Ein hübsches Geschenk aus dem eigenen Garten sind duftende, mit Lavendelblüten gefüllte Säckchen. Ein getrockneter Lavendel-Strauß im Bad erinnert noch lange Zeit an sonnige, warme Sommertage.

Echter Salbei

Salvia officinalis

Familie: Lippenblütler (Lamiaceae)

Mehrjährig, wärmeliebend

Steckbrief Ausdauernder, winterharter Halbstrauch, bis 60 cm hoch, verzweigt, im unteren Teil verholzend. Blätter eiförmig bis spitz zulaufend, flaumig behaart. Tiefgehendes Wurzelsystem. Blätter mit kampferartigem, bitterem Aroma.

Weitere bekannte Namen Garten-Salbei, Küchensalbei, Heilsalbei.

Herkunft Salbei kommt ursprünglich aus dem Mittelmeerraum.

Standort & Boden Schwachzehrer. Sandig-kiesiger, nährstoffarmer, kalkhaltiger und durchlässiger Boden. Sonniger, warmer Standort. Wächst auch sehr gut in Kübeln und Kästen mit guter Drainage.

Wasserbedarf Gering. Staunässe oder Winternässe vermeiden.

Aussaat Lichtkeimer. Ab April den Samen auf die Oberfläche einer Aussaatschale säen, nur ganz dünn mit Erde bedecken. Keimt bei 20 °C ungefähr nach 3–4 Wochen. In Töpfe pikieren. Vor dem Auspflanzen gut abhärten.

Auspflanzen Vorgezogene Jungpflanzen frühestens ab Mitte Mai, nach den Eisheiligen, nach draußen pflanzen. Gekaufte Jungpflanzen bevorzugt im Frühjahr pflanzen.

Pflege Salbei benötigt nur wenig Wasser und liebt es trocken. Seine filzig behaarten Blätter schützen ihn vor Hitze und Verdunstung. Regelmäßiges Schneiden fördert ein buschiges Wachstum. Nicht in den verholzten Teil schneiden, da dort nichts mehr austreibt. In der Regel ist der Echte Salbei gut winterhart. Töpfe und Kübel können mit Schafwollvlies umwickelt werden und geschützt vor Winternässe an der Hauswand stehen. Im Winter stirbt das Laub meistens ab und die Pflanze treibt im Frühjahr neu aus.

Blüte Blütezeit Juni bis Juli. Violette bis violettblaue (selten auch weiße) Lippenblüten.

Ernte Einzelne Triebe um ca. zwei Drittel über einer Blattachsel schneiden oder einzelne Blätter abzupfen. Zum Trocknen kurz vor der Blütezeit schneiden und trocken und luftig aufhängen. Ab September nicht mehr schneiden.

Vermehrung Über Samen oder im Sommer geschnittene Kopfstecklinge.

Pflanzpartner Passt gut zu Rosmarin, Lavendel oder anderen mediterranen Kräutern mit den gleichen Standortansprüchen. Blätter geeignet als Mulchmaterial bei Möhren, Zwiebeln und Kohlpflanzen zum Abhalten von Schädlingen.

Empfehlenswerte Sorten und Arten
'Purpurascence': Violette Blätter, keine Blüten.
'Berggarten': Breite, grüne Blätter.
'Icterina': Panaschierte, gelb-grüne Blätter.
'Nazareth' (Marzipan-Salbei): Milder Marzipanduft, intensives Aroma, lila-blau blühend.
Spanischer Salbei *(Silvia lavandulifolia)*: Violettblaue Blüten, enthält weniger Bitterstoffe (Thujon) als der Echte Salbei *(Sylvia officinalis)*.

Verwendung Salbei passt zu vielen mediterranen Gerichten, muss aber wegen des bitteren Geschmacks vorsichtig dosiert werden. In Italien reicht man in Olivenöl oder Butter gebratene Salbeiblätter gerne zu Pastagerichten. Am häufigsten wird Salbei getrocknet und als Salbeitee getrunken.

Marzipan-Salbei

Spanischer Salbei

Steckbrief Ausdauernder, winterharter, immergrüner Halbstrauch mit vierkantigen, kurz behaarten, verholzenden Stängeln. 20–30 cm hoch werdend. Kleine länglich-elliptische Blätter mit glatter Oberfläche, Blattunterseite graufilzig behaart. Kräftiges Wurzelsystem. Thymian ist in Zierformen und als Gewürzkraut in vielen Sorten verfügbar.

Weitere bekannte Namen Echter Thymian, Gartenthymian, Immenkraut, Quendel, Suppenkraut, Kuttelkraut, Wurstkraut, Hühnerkohl.

Herkunft Thymian kommt ursprünglich im Mittelmeerraum, auf dem Balkan und im Kaukasus vor und wächst dort überwiegend an trockenen und sonnigen Plätzen zwischen Felsen und auf Schotterhalden.

Standort & Boden Schwachzehrer. Sonniger, warmer Standort. Sandig-kiesiger, steiniger, kalkhaltiger und durchlässiger Boden. Nährstoffarm. Staunässe oder Winternässe vermeiden. Wächst sehr gut in Kübeln und Kästen mit guter Drainage, in der Kräuterspirale oder im Steingarten. Polsterbildende Sorten sind ideal als Wegbegrünung.

Wasserbedarf Geringe Wasserversorgung. Staunässe vermeiden.

Aussaat Lichtkeimer. Ab März die Samen auf die Oberfläche einer Aussaatschale säen, nur ganz dünn mit Erde bedecken. Keimt bei 16–20 °C ungefähr nach 2 Wochen. In Töpfe pikieren.

Auspflanzen Vorgezogene Jungpflanzen ab Mitte Mai nach draußen pflanzen, vorher gut abhärten. Gekaufte Jungpflanzen bevorzugt im Frühjahr pflanzen.

Pflege Thymian benötigt wie andere mediterrane Kräuter nur wenig Wasser und liebt es trocken. Regelmäßiges Schneiden fördert ein buschiges Wachstum. In der Regel ist Thymian winterhart, kann nach frostigen oder regenreichen Wintern aber auch eingehen. Töpfe und Kübel mit Thymian können mit Schafwollvlies umwickelt werden und geschützt vor Winternässe an der Hauswand stehen. Im Frühjahr zurückschneiden.

Blüte Blütezeit von Juni bis Juli, kleine, zarte lila, rosa oder weiße Lippenblüten je nach Sorte.

Ernte Regelmäßig die Triebspitzen schneiden oder junge Blätter ernten. Zum Trocknen ganze Stängel kurz vor der Blütezeit schneiden und trocken und luftig aufhängen. Pflanze kann fast ganzjährig beerntet werden.

Vermehrung Über Samen oder im Sommer geschnittene Stecklinge.

Pflanzpartner Passt gut zu Salbei oder anderen mediterranen Kräutern mit den gleichen Standortansprüchen. Flächig wachsende Sorten sollten mit genügend Abstand zu anderen Pflanzen gesetzt werden.

Zitronen-Thymian

Orangen-Gewürz-Thymian 'Orange Spice'

Echter Thymian

Thymus vulgaris

Familie: Lippenblütler (Lamiaceae)

Mehrjährig, wärmeliebend

Empfehlenswerte Arten und Sorten
Orangen-Gewürz-Thymian *(Thymus vulgaris)* **'Orange Spice':** Rosa Blüten. Längliche, schmale Blätter mit leichtem Orangenaroma. Bodendeckend wachsend.
Zitronen-Thymian (*Thymus* x *citriodorus*): Besonders aromatische, grün-gelbliche Blätter mit Zitronenaroma.
Sand-Thymian (*Thymus praecox*, Syn. *Thymus serpyllum*) **'Creeping Red':** Leuchtend purpurrote Blüten. Bodendeckend, kriechend wachsend.
Kaskaden-Thymian (*Thymus longicaulis* subsp. *odoratus*): Sehr blütenreich, rosa Blüten. Dichter, kissenförmiger Wuchs.
Echter Quendel, Arznei-Thymian *(Thymus pulegioides)*: Heimische Wildstaude mit purpurvioletten Blüten.

Verwendung Thymian findet man als Bestandteil in vielen mediterranen Gewürzmischungen wie in den bekannten «Kräutern der Provence». Als Würzmittel passt er daher gut zu allen mediterranen Gerichten wie Ratatouille. Als Teezubereitung besitzt Thymian heilsame Wirkung bei Verdauungsstörungen und Husten.

Steckbrief Ausdauernder, verzweigt wachsender Halbstrauch, 30–60 cm hoch werdend. Ovale bis lanzettlich geformte Laubblätter, die an den Rändern leicht behaart sind. Flachwurzler.

Weitere bekannte Namen Dost, Gemeiner Dost, Gewöhnlicher Dost, Wohlgemut, Müllerkraut, Wilder Majoran.

Herkunft Oregano kommt ursprünglich aus dem Mittelmeerraum.

Standort & Boden Schwachzehrer. Sonniger, warmer Standort. Sandig-kiesiger, kalkhaltiger und durchlässiger Boden. Nährstoffarm. Wächst sehr gut in breiten Kübeln und Kästen mit guter Drainage, etwas erhöht in der Kräuterspirale oder im Steingarten.

Wasserbedarf Geringer Wasserbedarf. Staunässe oder Winternässe vermeiden.

Aussaat Lichtkeimer. Ab April den Samen auf die Oberfläche einer Aussaatschale säen und nur ganz dünn mit Erde bedecken. Keimung erfolgt bei 12–20 °C nach ungefähr 2–4 Wochen. In Töpfe pikieren. Direktsaat im Freiland ab Mai.

Auspflanzen Vorgezogene Jungpflanzen frühestens ab Mitte Mai, nach den Eisheiligen, nach draußen pflanzen. Vorher gut abhärten.

Pflege Oregano ist eine sehr pflegeleichte Pflanze und benötigt nur wenig Wasser. Regelmäßiges Schneiden fördert ein buschiges Wachstum. In der Regel ist der Oregano winterhart. Töpfe und Kübel können mit Schafwollvlies umwickelt werden und geschützt vor Winternässe an der Hauswand stehen. Im Winter stirbt das Laub ab und die Pflanze treibt im Frühjahr neu aus.

Blüte Von Juli bis September erscheinen die Blütendolden mit einzelnen hellvioletten Lippenblüten.

Ernte Triebe um ca. zwei Drittel über einer Blattachsel schneiden oder einzelne Blätter abzupfen. Zum Trocknen während der Blütezeit schneiden und trocken und luftig aufhängen. Die Blüten sind besonders aromatisch.

Vermehrung Über Samen, Stecklinge oder durch Teilung.

Pflanzpartner Steht gerne neben Rosmarin, Salbei oder anderen mediterranen Kräutern mit den gleichen Standortansprüchen. Blätter geeignet als Mulchmaterial bei Möhren, Zwiebeln und Kohlpflanzen zum Abhalten von Schädlingen.

Griechischer Oregano

Sizilianischer Oregano

Oregano

Origanum vulgare

Familie: Lippenblütler (Lamiaceae)

Mehrjährig, winterhart

Empfehlenswerte Arten und Sorten
'Thumbles Variety': Blätter im Austrieb leuchtend gelb.
'Compactum': Polster bildend; ideal für Kübel oder Mauerkronen.
Griechischer Oregano (*Origanum vulgare* subsp. *hirtum*): Weiß blühend; winterhart.
Sizilianischer Oregano (*Origanum* x *majoricum*): Kreuzung aus Oregano und Majoran, in milden Gegenden winterhart.

Verwendung Oregano ist ein aromatisches Würzkraut, das für viele mediterrane Gerichte verwendet wird. Er ist Bestandteil italienischer Kräutermischungen und passt sehr gut zu Pastagerichten oder Pizza.

Steckbrief Ausdauernder, je nach Sorte winterharter, buschiger Halbstrauch, 1–2 m hoch und bis 1,5 m breit werdend, im Alter im unteren Teil verholzend. Immergrüne, nadelförmige, aromatisch duftende Laubblätter. Sehr gut schnittverträglich. Meist frostverträglich bis ca. –10°C.

Weitere bekannte Namen Weihrauchkraut, Maria Reinigung.

Herkunft Rosmarin kommt ursprünglich wild wachsend im Mittelmeerraum vor.

Standort & Boden Schwachzehrer. Sonniger, warmer Standort. Sandig-kiesiger, durchlässiger Boden, nährstoffarm. Wächst sehr gut in Kübeln und Kästen mit guter Drainage, etwas erhöht in der Kräuterspirale oder im Steingarten.

Wasserbedarf Gering. Staunässe oder Winternässe vermeiden.

Aussaat Lichtkeimer. Aussaat ab Mitte März bei einer Keimtemperatur von 18–22 °C, Saattiefe etwa 0,5 cm. Alternativ ab Mitte April ins Frühbeet säen.

Auspflanzen Vorgezogene Jungpflanzen frühestens ab Mitte Mai, nach den Eisheiligen, nach draußen pflanzen. Vorher gut abhärten. Gekaufte Jungpflanzen möglichst immer im Frühjahr pflanzen, damit sie bis zum kommenden Winter gut angewachsen sind.

Pflege Rosmarin wächst am besten, wenn er nicht zu häufig gegossen wird, damit die Triebe nicht lang und dünn werden. Einmal im Sommer verträgt er einen kräftigen Rückschnitt für ein buschigeres Wachstum. Geschnitten wird am besten etwas über einem verholzten Trieb. Sorten, die kälteempfindlich sind, überstehen den Winter gut an einem geschützten Standort. Decken Sie den Rosmarin vorsichtshalber mit einer doppelten Lage Vlies ab oder schützen Sie ihn mit Laub oder Reisig. Töpfe können mit Schafwollvlies umwickelt werden oder an einem kühlen, frostfreien Ort überwintern.

Blüte Blütezeit variiert in unseren Breiten, blüht oft im Winter mit zartblauen Lippenblüten.

Ernte Blätter oder Stängel können ganzjährig an frostfreien Tagen geerntet werden.

Vermehrung Am besten im Sommer über Kopfstecklinge.

Pflanzpartner Passt gut als Nachbar zu Rosmarin, Salbei oder anderen mediterranen Kräutern mit den gleichen Standortansprüchen.

Empfehlenswerte Sorten
'Arp': Robuste Sorte für rauere Lagen, bei idealem Standort bis –20 °C winterhart.
'Prostratus' (Kriechender Rosmarin): Hängender Wuchs, für Hängeampeln oder hohe Kübel. Frostempfindlich, am besten kühl im Haus überwintern.
'Veitshöchheim': Robuste, frosttolerante Sorte aus Unterfranken.

Verwendung Rosmarin ist ein duftendes Würzkraut, dass zu vielen mediterranen Gerichten passt. Wird Rosmarin in Olivenöl eingelegt, erhält man ein sehr aromatisches Kräuteröl für Salate. Italienische Kräutermischungen oder die «Kräuter der Provence» enthalten neben Thymian, Oregano, Bohnenkraut und Basilikum immer Rosmarin. Das passt gut zu Ratatouille oder Ofengemüse. Aus Italien kennt man die Focaccia, ein mit Rosmarin bestreutes Hefeteigbrot.

Rosmarin 'Prostratus'

Rosmarin 'Arp'

Rosmarin

Rosmarinus officinalis
(Syn. *Salvia rosmarinus*)

Familie: Lippenblütler (Lamiaceae)

Mehrjährig, wärmeliebend

Steckbrief Ausdauernde, in unseren Breiten oft nur einjährig kultivierte Würzpflanze. Wuchshöhe 15–50 cm. Laubblätter glatt, länglich-eiförmig, Blattrand glatt oder leicht gesägt. Je nach Sorte unterschiedlich große Blätter, Blüten und Wuchsformen, auch mit kugeligem Wuchs. Rotblätttrige Sorten (*Ocimum basilicum* var. *purpureum*) verfügen über hohen Gehalt an Anthocyanen, die das Kraut vor zu hohen UV-Strahlung schützen. Sehr gut schnittverträglich. Frostempfindlich.

Weitere bekannte Namen Basilie, Basilienkraut, Königskraut.

Herkunft Natürliche Vorkommen des Wilden Basilikums gibt es in tropischen und subtropischen Gebieten Asiens.

Standort & Boden Starkzehrer. Frischer und durchlässiger, nährstoffreicher Boden. Sonniger bis halbschattiger, warmer Standort. Wächst sehr gut in Kübeln und Kästen mit guter Drainage.

Wasserbedarf Regelmäßig gießen. Staunässe vermeiden.

Aussaat Lichtkeimer. Ab April den Samen auf die Oberfläche einer Aussaatschale säen, nur ganz dünn mit Erde bedecken. Keimt bei 20 °C nach wenigen Tagen. In Töpfe pikieren. Vor dem Auspflanzen gut abhärten.

Auspflanzen Vorgezogene Jungpflanzen frühestens ab Mitte Mai, nach den Eisheiligen, nach draußen pflanzen. Gekaufte Jungpflanzen können ab Mai ganzjährig gepflanzt werden

Pflege Im Gegensatz zum herkömmlichen Basilikum, das man aus dem Supermarkt kennt («Genoveser Basilikum»), überlebt Strauch-Basilikum den Sommer im Garten oder Kübel problemlos, wenn es etwas Dünger und ausreichend Wasser erhält.
Je mehr geschnitten wird, um so buschiger und kompakter wächst es. Bei Nachttemperaturen unter 10 °C kann man Basilikum in Töpfen im Haus an einem hellen, kühlen Standort überwintern.

Blüte Blütezeit ab Juni bis zum Herbst. Endständige, lange, ährige Blütenstände mit meist weißen, manchmal auch rosafarbenen oder violetten Lippenblüten.

Ernte Einzelne Triebe um ca. zwei Drittel schneiden. Zum Trocknen während der Blütezeit schneiden und trocken und luftig aufhängen. Ab September nicht mehr schneiden.

Vermehrung Über Samen oder im Sommer geschnittene Kopfstecklinge.

Pflanzpartner Passt gut neben nährstoff- und feuchtigkeitsliebende Gemüsearten wie Tomaten, Gurken, Kohl, Zucchini, Fenchel, Paprika und Chili.

Empfehlenswerte Arten und Sorten
Afrikanisches Strauchbasilikum (*Ocimum kilimandscharicum* x *basilicum purpurascens*): Sehr robust. Üppig rosa blühend. Blätter grün, rotgeadert.
Griechisches Strauchbasilikum (*Ocimum basilicum* var. *minimum*): Kugelförmiger Wuchs. Weiße Blüten. Kleine Blätter. Sehr kälteempfindlich.
Indisches Basilikum, Tulsi (*Ocinum tenuiflorum*, Syn. *O. sanctum*): Robust. Grüne Blätter.

Verwendung Basilikum ist ein aromatisches Würzkraut, das zu vielen mediterranen Gerichten und Salaten passt. Es verträgt keine Hitze und sollte immer erst zum Schluss in Pastasaucen oder Suppen gegeben werden.

Griechisches Strauchbasilikum

Afrikanisches Strauchbasilikum

Strauch-Basilikum

Ocimum basilicum

Familie: Lippenblütler (Lamiaceae)

Mehrjährig, wärmeliebend

Römischer Ampfer

Rumex scutatus

Familie: Knöterichgewächse (Polygonaceae)

Mehrjährig, winterhart

Steckbrief Ausdauernde, krautige Würzpflanze, 20–40 cm hoch werdend. Langgestielte, schildförmige, grüne oder graugrüne Laubblätter. Horstig wachsend und Ausläufer bildend. Tiefwurzler.

Weitere bekannte Namen Schildampfer, Schildblättriger Ampfer, Agrest-Ampfer.

Herkunft Der Römische Ampfer ist ein typischer Kalkschuttbewohner der Alpen und der Gebirge Südeuropas und kommt bis in die subalpine Höhenstufe vor. Er wächst bevorzugt auf Felsschutt, Geröll und in Weinbergen. Bereits im Mittelalter wurde er in Bauern- und Klostergärten angebaut und ist im Capitulare de villis, einem berühmten Werk aus der Zeit Karls des Großen, beschrieben.

Standort & Boden Sonniger bis halbschattiger Standort. Durchlässiger, schottriger Boden ohne Staunässe. Auf humosem Boden üppiger wachsend. Gut zur Begrünung von Fugen und als Bodendecker geeignet.

Wasserbedarf Gleichmäßige Wasserversorgung. Verträgt durch die lange Pfahlwurzel auch kurze Trockenperioden.

Aussaat Direktsaat von März bis Mai oder von Mitte August bis September in Reihen oder als Horstsaat. Auf einen Abstand von 30 x 50 cm vereinzeln.

Pflege Der Römische Ampfer ist eine robuste, pflegeleichte Pflanze. Regelmäßiger Rückschnitt im Frühjahr und nach der Blüte fördert das Blattwachstum und eine gute Bodenbedeckung.

Blüte Von Juni bis August erscheinen lange Blütenstängel mit unscheinbaren, winzigen Blüten. Die rötlichen Blütenstände wachsen rispig in Scheinquirlen. Daraus bilden sich 3–3,5 mm lange, blassblauen Nüsschen.

Ernte Die jungen, zarten Blätter können regelmäßig einzeln abgezupft werden; dabei die inneren Blätter immer stehen lassen.

Vermehrung Über Samen und durch Teilung der Wurzelausläufer.

Pflanzpartner Schnittlauch, Petersilie und Basilikum.

Verwendung Römischer Ampfer schmeckt sehr ähnlich wie Sauerampfer. Der säuerliche Geschmack wird durch Kochen milder. Sehr gut eignet er sich als Salatbeigabe oder im Kräuterquark, für Joghurtsaucen und Kräuterdips.

Verzweigungen

Blütenstand

Steckbrief Ausdauernde, nicht winterharte, krautig wachsende Gewürzpflanze. 50 cm hoch werdend. Verzweigt, aufrecht wachsend, mit lanzettlich bis spitz zulaufenden Laubblättern und runden, aufrechten, leicht rötlichen Stängeln. Verzweigtes Wurzelsystem.

Weitere bekannte Namen Wohlriechender Knöterich, Rau Răm (vietnamesisch).

Herkunft Vietnamesischer Koriander stammt ursprünglich aus Südostasien.

Standort & Boden Sonniger bis halbschattiger, warmer Standort. Nährstoffreicher, humoser Boden. Wächst sehr gut in großen Kübeln, Erde nicht austrocknen lassen.

Wasserbedarf Gleichmäßige, hohe Wasserversorgung. Kann teilweise im Wasser stehen.

Anzucht Ab dem Sommer bis zum Herbst ca. 10 cm lange Kopfstecklinge schneiden und im Wasserglas oder in feuchter Anzuchterde bewurzeln lassen.

Auspflanzen Jungpflanzen ab Mitte Mai, nach den Eisheiligen, nach draußen pflanzen.

Pflege Der Vietnamesische Koriander benötigt kaum Pflege, wenn er genügend Nährstoffe und Wasser erhält. Wassermangel erkennt man sofort an den hängenden Blättern. Nach ausgiebigem Wässern erholt er sich aber schnell, ohne Schaden zu nehmen. Im Winter am besten frostfrei und hell stellen. Am besten steht er in einem frostfreien Gewächshaus oder im Wintergarten, da die Luftfeuchte im warmen Zimmer oft zu gering ist. Rückschnitt wird gut vertragen.

Blüte Da der Vietnamesische Koriander eine tropische Pflanze ist, kommt es in unseren Breiten selten zur Blüte. Kommt es doch dazu, erscheinen von Mitte Juli bis Mitte September zartrosa Blüten, die in ährigen Blütenästen angeordnet sind.

Ernte Triebe um ca. zwei Drittel über einer Blattachsel schneiden oder einzelne Blätter abzupfen. Zum Trocknen während der Blütezeit schneiden und trocken und luftig aufhängen. Die Blüten sind besonders aromatisch.

Vermehrung Ausschließlich über Kopfstecklinge. Samenbildung ist ausgesprochen selten. Falls sie doch erfolgen sollte, sind diese Samen steril.

Pflanzpartner Steht am besten separat in einem Kübel, da die Pflanze sehr umfangreich in die Breite wächst.

Verwendung Der Geschmack des Vietnamesischen Korianders ist dem des Echten Korianders *(Coriandrum sativum)* sehr ähnlich, aber etwas milder und zitroniger. Die Blätter eignen sich daher gut für alle asiatischen Gerichte. In seiner Heimat Vietnam würzt man damit vor allem Glasnudelgerichte, Suppen, Enten- und Fischgerichte.

Vietnamesischer Koriander

Persicaria odorata (Syn. *Polygonum odoratum*)

Familie: Knöterichgewächse (Polygonaceae)

Mehrjährig, wärmeliebend

Anhang

Bezugsquellen für Bio-Saatgut, Gemüsejungpflanzen und Kräuter

Deutschland

Bingenheimer Saatgut
61209 Echzell
www.bingenheimer-saatgut.de

Culinaris
37124 Rosdorf
www.culinaris-saatgut.de

Dreschflegel Bio-Saatgut
37213 Witzenhausen
www.dreschflegel-shop.de

Hof Jeebel
29410 Salzwedel
www.biogartenversand.de

Magic Garden Seeds
93055 Regensburg
www.magicgardenseeds.de

Rühlemann's Kräuter und Duftpflanzen
27367 Horstedt
www.kraeuter-und-duft-pflanzen.de

Sativa Biosaatgut
79798 Jestetten
www.sativa.bio/de

Staudengärtnerei Gaißmayer
389257 Illertissen
www.gaissmayer.de

Thysanotus
28876 Oyten
www.thysanotus-versand.de

Umbach Bioland Gärtnerei
74074 Heilbronn
www.umbachbioland.de

VEN – Verein zur Erhaltung der Nutzpflanzenvielfalt e.V.
37213 Witzenhausen
www.nutzpflanzenvielfalt.de

Österreich

Arche Noah (Gesellschaft für die Erhaltung der Kulturpflanzenvielfalt)
3553 Schiltern
www.arche-noah.at

ReinSaat GmbH
3572 St. Leonhard am Hornerwald 69
www.reinsaat.at

Samen Maier GmbH
4753 Taiskirchen
www.samen-maier.at

Samengreisslerei
2120 Oberstdorf
www.samengreisslerei.at

Schweiz

Botanik Sämereien AG
8808 Pfäffikon
www.saemereien.ch

ProSpecieRara (Stiftung zum Erhalt der genetischen Vielfalt von Pflanzen)
4052 Basel
www.prospecierara.ch

Sativa Rheinau AG
8462 Rheinau
www.sativa-rheinau.ch

Zollinger Bio
1897 Les Evouttes
www.zollinger.bio

Informationen zu Gemüsesorten aus biologisch-dynamischer Züchtung

Kultursaat e.V.
Biodynamische Züchtung samenfester Gemüsesorten
www.kultursaat.org

Bioverta
Zertifizierung von neuen Gemüsesorten aus biologischer Züchtung, Sortenliste
CH-4900 Langenthal
www.bioverta.ch

Information zu Lokalsorten

Slow Food Deutschland
10117 Berlin
www.slowfood.de

Bamberger Sortengarten Grünes Erbe Bamberg e.V.
96052 Bamberg
www.bamberger-sortengarten.de

Verwendete und weiterführende Literatur

Bross-Burkhardt, B. *Das Boden-Buch. Grundlagen und Tipps für den naturnahen Gartenboden.* Bern 2017.

Bohne, B. *Wintergemüse anbauen. Gute Planung – reiche Ernte.* München 2018.

Bross-Burkhardt, B. *Gemüseraritäten im naturnahen Garten.* Schwarzenbek 2016.

Dekarz, D. *Permakultur im Bio-Garten.* Berlin 2022.

Bachmann, Ch., Bührer, E., Forster, K. *Permakultur. Grundlagen und Praxisbeispiele für nachhaltiges Gärtnern.* Bern 2022.

Chamberlain, L., Pahler, A. *Kleiner Garten – große Ernte. Selbstversorgung Schritt für Schritt.* München 2021.

Collignon, P., Bureau, B. *Mehrjähriges Gemüse: Einmal pflanzen, dauernd ernten.* Stuttgart 2021.

Dowding, Ch. *No Dig – Gärtnern ohne Umgraben. Weniger Aufwand, mehr Gemüse.* München 2023.

Fassmann, N. *Das Kraterbeet. Mischkultur im runden Beet – Kraterbeete, Senkgärten und Sonnenfallen. Mit Gemüseporträts für die Anbaupraxis.* Darmstadt 2016.

Franck, G., Bross-Burkhardt, B. *Gesunder Garten durch Mischkultur. Gemüse, Blumen, Kräuter, Obst.* München 2019.

Gampe, J. *Permakultur im Hausgarten. Handbuch zur Planung und Gestaltung.* Rastede 2023.

Gastl, M. *Permakultur & Naturgarten. Nachhaltig gärtnern mit dem Drei-Zonen-Modell.* Stuttgart 2021.

Kremer, B. P., Richarz, K. *Tiere in meinem Garten. Wertvolle Lebensräume für Vögel, Insekten und andere Wildtiere gestalten.* Bern 2022.

Niebel-Lohmann, A. *Wildbienen artgerecht unterstützen.* Bern 2022.

Nex, S. *Klimafreundlich Gärtnern. Aktiv werden und den ökologischen Fußabdruck verbessern.* München 2022.

Palme, W. *Ernte mich im Winter. Einfach immer frisches Gemüse.* Innsbruck 2021.

Weißig, A. *Lust auf Kohl. Sorten, Anbau, Ernte.* Bern 2022.

Bildnachweis

Alle Fotos stammen von **Sigrun Hannemann**, mit Ausnahme der Folgenden:

iStock: S. 145: saraTM
Shutterstock: S. 81: Jose Luis Vega; S. 59: Alesya Avs; S. 77: wilaiwan jantra; S. 95: Sandra Burm; S. 106/107: SUDO73; S. 113: Nataliia Zhekova; S. 163: Peter Turner Photography; S. 171: msgrafixx; S. 208: Husa Studio
Landschaftsverband Westphalen-Lippe: S. 48 rechts
Gerhard Schneider-Rose: S. 50 links, S. 51
Melanie Schellack: S. 66/67, S. 142 links
Uwe Siebers: S. 108 rechts, S. 109
Joachim Wenk: S. 127, S. 136 rechts, S. 155
Jan Jesch-Böhnhardt: S. 142 rechts, S. 143

Register

Über die Autorin

Sigrun Hannemann ist freie Journalistin und leidenschaftliche Gärtnerin, die Gemüse nach den Prinzipien der Permakultur anbaut. In ihrem Gartenblog und auf Instagram schreibt sie über ihre Erfahrungen und gibt Tipps zum naturnahen Gärtnern und zur Förderung der Artenvielfalt.

1. Auflage: 2024

ISBN 978-3-258-08352-0

Umschlaggestaltung: Die Werkstatt Medien-Produktion GmbH, D-Göttingen
Gestaltung und Satz: Roman Bold & Black, D-Köln
Lektorat: Claudia Huber, D-Erfurt
Umschlagabbildungen: vorne: iStock/Konoplytska; hinten: Sigrun Hannemann

Wir verwenden FSC®-zertifiziertes Papier. FSC® sichert die Nutzung der Wälder gemäß sozialen, ökonomischen und ökologischen Kriterien.
Gedruckt in Tschechien

MIX
Papier | Fördert gute Waldnutzung
FSC® C014138
FSC
www.fsc.org

Diese Publikation ist in der Deutschen Nationalbibliografie verzeichnet.
Mehr Informationen dazu finden Sie unter http://dnb.dnb.de.

Der Haupt Verlag wird vom Bundesamt für Kultur für die Jahre 2021–2024 unterstützt.

Wir verlegen mit Freude und großem Engagement unsere Bücher. Daher freuen wir uns immer über Anregungen zum Programm und schätzen Hinweise auf Fehler im Buch, sollten uns welche unterlaufen sein.

www.haupt.ch